CONSIDERATIONS

SUR

LA PROCEDURE

CRIMINELLE.

CONSIDERATIONS

SUR

LA PROCÉDURE CRIMINELLE.

Par M. PAGANO, professeur royal de droit criminel en l'université de Naples.

OUVRAGE TRADUIT DE L'ITALIEN,

ET DÉDIÉ

A MONSIEUR, FRÈRE DU ROI.

Par M. DE HILLERIN Écuyer, Avocat en parlement, Commis du département de la guerre, Associé-Correspondant du Musée de Paris.

A STRASBOURG,

DE L'IMPRIMERIE ORDINAIRE DU ROI.

Se trouve

A Versailles, rue Saint-Honoré, n°. 12.

Et à Paris, chez TH. BRUNET, libraire, place de la comédie italienne.

M. DCC. LXXXIX.

AVEC APPROBATION ET PRIVILÉGE DU ROI.

*Sed dum veritati consulitur, libertas
corrumpebatur.*

TACIT. lib. I. Annal.

A MONSIEUR,

FRERE DU ROI.

MONSEIGNEUR,

Le succès de cet ouvrage en Italie m'a fait croire que la traduction en pourrait être utile : il renferme des recherches qui ont le bien public pour objet.

Quel présage plus heureux pour ce faible essai de mon zèle, quel prix plus flatteur pouvais-je m'en promettre que d'en offrir l'hommage à MONSIEUR.

Je suis avec un très-profond respect,

DE MONSEIGNEUR,

Le très humble et très obéissant serviteur,

DE HILLERIN.

ERRATA.

Page 4, ligne 6, *vrai*, lisez *vain*.

P. 33, l. 16, *disputent*, lisez *disputant*.

P. 34, l. 4 et 5, *celles-ci répriment*, lisez *et celles-ci réprimant*.

P. 39, à la note, *historiques*, lisez *politiques*.

P. 48, l. 19 de la note, FILANGIÈRE, lisez FILAN-GIÉRI.

P. 62, l. 5 de la 1re note, DE LOLME, lisez DELOLME.

P. 85, l. 4 de la note, *ei reti*, lisez *e i Reti*.

P. 87, l. 4 de la note (1), *des Romains ;* lisez *des Romains ,*

P. 94, l. 17, *le*, lisez *la*.

P. 112, l. 4 de la note, *ne portent*, lisez *n'engagent*.

P. 163, l. 8 de la note, *mileti*, lisez *Mileti*.

P. 183, note, *Fragm.*, lisez *Pragm.*

P. 188, l. 8, *de la législation des jugemens*, lisez *de la législation, des jugemens*.

P. 191, l. 5, *qu'il y en avait*, lisez *qu'il y avait*.

P. 202, l. 23, *batialle*, lisez *bataille*.

PRÉFACE

DU

TRADUCTEUR.

Lorsque tout attend des réformes; lorsque la constitution va être raffermie sur ses bases; lorsque la patrie entière va se voir recréer; notre système judiciaire ne tardera pas, sans doute, à être refondu, à recevoir cette teinte de régénération après laquelle on soupire depuis si long-temps.

En vain la philosophie s'est-elle élevée contre la bizarrerie et l'incohérence de notre législation; en vain plusieurs peuples de l'Europe

ont-ils déjà vu réformer la leur (1);
en vain plusieurs académies ont-
elles cherché à réveiller le zèle des
publicistes en proposant à leur émulation , sous l'appât de couronnes
et de prix littéraires, des questions
à résoudre, des vues à discuter,
à approfondir, à développer à ce

(1) Dès 1776, l'impératrice, reine de Hongrie,
avait proscrit de ses états la question préparatoire dans la procédure criminelle. Déjà on
s'occupait du grand ouvrage auquel il était
réservé aux destinées de son fils de mettre la
dernière main, le code criminel qu'il a publié
en 1787.

Dès le même temps, celle de toutes les Russies
avait fait répandre avec profusion une instruction relative au nouveau code dont elle avait
ordonné qu'on s'occupât pour ses états.

En 1770 parurent les nouvelles lois du roi de
Sardaigne, sous le titre de *Code de Savoie*.

En 1786, le Grand Duc a mis en vigueur, dans
les terres de sa domination, un nouveau code

sujet (2); en vain la presse a-t-elle produit une infinité d'ouvrages sur

criminel dont la rédaction, dans plusieurs points, mais particulièrement pour ce qui concerne *les prisons et les peines*, respire une douce et sainte philosophie.

Le roi de Naples, en abolissant en 1782, dans le royaume de Sicile, le tribunal odieux de l'inquisition, a ramené la procédure, même en matière de foi, aux formes criminelles usitées dans ses états.

&c. &c. &c.

(2) Je ne citerai pas ici tous les programmes que ces sociétés ont répandus depuis vingt ans sur cette matière; mais je crois utile de rappeler, entr'autres, ceux que l'académie de Châlons-sur-Marne, et la société économique de Berne, offrirent en 1777 ou 1778 aux publicistes de l'Europe.

La première demandait qu'on déterminât *quelles pourraient être en France les lois pénales les moins sévères, et cependant les plus efficaces pour contenir et réprimer le crime par des châti-mens prompts et exemplaires, en ménageant l'honneur et la liberté des citoyens.*

La seconde exigeait qu'on rédigeât *un plan*

cette matière (3): nous n'avons vu jusqu'ici que des efforts, que des

complet et détaillé de législation sur les matières criminelles, sous le triple point de vue, 1°. des crimes, et des peines proportionnées qu'il convient de leur appliquer; 2°. de la nature et de la force des preuves et des présomptions; 3°. de la manière de les acquérir par la voie d'une procédure criminelle, ensorte que la douceur de l'instruction et des peines soit conciliée avec la certitude d'un châtiment prompt et exemplaire, et que la société civile trouve la plus grande sureté POSSIBLE combinée avec le plus grand respect POSSIBLE pour la liberté et l'humanité.

(3) Parmi ces ouvrages il en est qui ont traité le sujet en grand, dans tous ses détails, sous tous ses points de vue. Il en est d'autres qui n'ont embrassé que des parties, d'autres qui n'ont exposé que des considérations particulières. Les premiers sont dans toutes les bibliothèques; les seconds tiennent aussi leur place dans la plupart; mais, moins répandus, ils peuvent avoir été moins distingués. Tels sont un discours sur *la justice criminelle*, prononcé au bailliage d'Orléans par M. de THROSNE, avocat du Roi au

projets ; on n'a encore offert que des essais, on n'a proposé que des plans informes ou impraticables.

Le jour est enfin arrivé où de tout cela il doit résulter un système suivi, conforme à la raison et au

présidial de cette ville ; une dissertation italienne intitulée *Du fondement du droit de punir*, &c. lue par son auteur (M. le comte d'ARCO) dans la séance publique de l'académie des sciences et belles lettres de Mantoue, en 1777 ; dissertation qu'il faudrait lire, quand elle n'offrirait d'autre mérite que celui d'une réfutation bien motivée de quelques principes du célèbre ouvrage de M. le marquis de BECCARIA ; un essai italien *sur les différentes opinions de quelques politiques modernes, concernant les délits et les peines*, par M PESCATORE, imprimé à Turin en 1780 ; une lettre sur les *moyens d'établir une proportion plus juste entre les délits et les peines, et de prévenir les crimes par la VIGILANCE et l'INSTRUCTION*, lettre qui fait partie de l'ouvrage intitulé *Modèle d'un bon curé, ou vie de M. SERNIN, curé d'un village dans une province de France*, et publié temps, analogue à l'esprit et au corps du gouvernement, convenable, et au prince qui gouverne, et au peuple qui obéit. L'époque salutaire de cette heureuse révolution,

en 1779; un ouvrage anglais, tout nouveau, intitulé *Essai pour prévenir les crimes*, soumis à la mure délibération des législateurs de la Grande Bretagne et d'Irlande, par M. HOLWEL; un discours sur l'*instruction des procès criminels*, par M. le comte PIETRO NUTRICIO GRISOGONO, avocat vénitien, imprimé l'année dernière. La vérité, la raison régnent dans cet ouvrage qui est très-court. La morale pure et saine qui y domine, la sensibilité qui paraît avoir dirigé la plume de son auteur, m'avaient fait désirer d'en substituer la traduction aux réflexions qui forment cette préface; et je n'aurais pas regardé comme un sacrifice de mon amour propre un acte qui m'aurait fait un mérite de plus auprès de mes lecteurs. Mais je n'ai pu me procurer encore le consentement de M. GRISOGONO, et je n'ai pas cru que je pusse me dispenser de l'avoir, &c. &c. &c.

qui n'était qu'un point indéterminé dans l'espace, est irrévocablement fixée. L'auguste assemblée, que l'étoile de la France a appelée près du ROI, va déterminer une opération que la vicissitude des circonstances, l'agitation des temps, les orages et l'instabilité du ministère ont toujours reculée. Les représentans de la nation contribueront à mettre à fin un oeuvre dont l'impérieuse nécessité sollicite l'exécution. Ce voeu est dans tous les coeurs; toutes les bouches le répètent; le bonheur de tous y est intéressé.

En effet, (et c'est aujourd'hui une de ces vérités sacrées que la versatilité de l'opinion ne peut même contester), une bonne législation est la sauve-garde des propriétés, la conservatrice des droits et des actions des individus ; elle protège la tranquillité publique, maintient la liberté civile ; elle est enfin, s'il est permis de s'exprimer ainsi, l'ame du corps politique. C'est par elle qu'un peuple se distingue parmi les autres. La seule inspection du code d'une nation fixe le jugement des siècles. On apprécie par là ses lumières ou ses préjugés, ses moeurs; on connaît son esprit, on mesure le degré de culture morale et physique auquel elle est déjà montée, on estime celui auquel elle peut parvenir.

Une société sans lois serait peut-être plus heureuse qu'avec une législation imparfaite. Mais cette perfectibilité de législation tient à celle de la société même. Si la législation doit influer sur le maintien des moeurs, celles-ci influent et ont toujours influé sur l'esprit de celle-là. Pour parvenir à perfectionner l'une, il faut donc perfectionner les autres, et pour cela il faut prendre les choses dès leur source ; car *la chaîne des vices tient à celle des crimes.*

Mais on n'aura jamais de bonnes moeurs tant que l'éducation sera vicieuse. Erreurs de l'éducation, entraînement de l'exemple, voilà ce qu'il faut combattre, voilà ce qu'il faut prévenir (4). Ce n'est que

(4) *On ne doit point de tolérance et de ménagement aux vices, ont n'en doit qu'aux opinions, a dit un Sage en qui le mérite réel ne le cède*

par une vigilance active sur l'instruction de ses peuples, qu'un souverain peut justifier le droit de sévir contre les délits ; ce n'est que par l'empire de l'exemple qu'il amènera les différentes classes de la société qu'il gouverne à cette unité de régime et de conduite, à cette harmonie politique qui rend durables et la force et la gloire d'une domination (5). Faites régner la vertu sur la terre, et vous y fixerez le bonheur.

point à l'éclat du rang , et que le conseil du ROI à su enlever aux Lettres, aux Muses et à la cour des Grâces.

(5) *Il y a de mauvais exemples qui sont pires que les crimes ; et plus d'états ont péri parce qu'on a violé les moeurs, que parce qu'on a violé les lois :* MONTESQUIEU, Considérations sur les causes de la grandeur et de la décadence des Romains.

Un plan d'éducation, nationale serait donc inséparable du plan d'une législation universelle. L'un et l'autre devraient marcher de front. S'il a paru impossible jusqu'ici d'en arrêter aucun sur ces deux branches d'administration, qui sont les deux bases essentielles des gouverne- mens (6), ce n'est assurément ni faute d'écrivains , ni faute d'écrits. On doit en accuser l'espèce d'indolence apathique des administrateurs qui, nulle part, n'ont su entretenir ni en- courager l'émulation de ces hommes

(6) *L'administration de la justice est le principe qui entretient la vie politique des plus grands états :* M. SEGUIER, dans l'un de ses réquisitoires, si je ne me trompe.

La base des sociétés pose sur les moeurs ; sans elles point d'états : CICERON, De la nature des Dieux.

que leurs lumières, leur courage et leur philosophie rendaient seuls propres à un travail aussi important. Il ne fallait pas moins que le flux précipité et successif des révolutions ministérielles en France, pour rendre à l'esprit national son véritable essor. Le CHEF des Français a reconnu ses forces ; l'habitude d'en soumettre l'exercice aux avis de guides que, par une noble et généreuse défiance d'un âge dont il craignait l'inexpérience, il s'était choisis en montant sur le trône, n'a point énervé son énergie naturelle ; il ose s'y livrer enfin. Il veut le bien ; il veut l'opérer par lui même. En père tendre et juste, il appelle autour de lui ses enfans respectueux et fidelles. Il dit ; et tous s'empressent de concourir à ses vues. La sensibilité générale s'émeut, les sentimens se développent, les coeurs s'épanouissent. Les barrières élevées de tout temps entre lui et son peuple tombent brisées, et ne se relèveront plus. L'esprit de patriotisme, le zèle du bien public, sont désormais sans entraves. Les liens, qui jusqu'ici avaient tenue captive la voix du malheureux, sont rompus à jamais. Il va s'établir entre le sujet et le MONARQUE une communication immédiate que rien ne pourra plus obstruer ni interrompre. Leurs intérêts communs seront pesés dans la même balance. Une raisonnable discussion des droits de tous va être permise, et il en jaillira un faisceau de vérités, dont plusieurs pourront paraître neuves, mais qui perceront toutes jusqu'à lui (7).

Le bienfait le plus signalé des

(7) Parmi les écrivains connus qui s'occupent en ce moment d'ouvrages relatifs au bien public, il en est un justement distingué par ceux qu'il a précédemment publiés. C'est M. LE CLERC, chevalier de l'ordre du Roi, membre de plusieurs académies, &c. Une motion imprimée, qu'il a vu accueillir, comme il devait s'y attendre, à l'assemblée des trois-ordres de la prévôté et vicomté de Paris, nous apprend qu'il vient de mettre sous presse un nouvel ouvrage sous le titre d'*Abrégé des études de l'homme*, *fait en faveur de l'homme à former*. Si mon opinion particulière pouvait ajouter quelque chose à la secrète satisfaction qu'il éprouve aujourd'hui, j'oserais dire ici qu'on doit beaucoup attendre d'un auteur dont la plume m'a toujours paru conduite par un cœur chaud, une ame forte, un jugement droit. Mais la nation jugera son plan : c'est aux États-généraux qu'il le dédie. Il leur a déjà fait hommage de son *Tableau des richesses et des ressources de la France*, précédemment agréé par le ROI.

rois est, sans doute, l'acte de leur
volonté qui devient comme le véhi-
cule de l'amélioration des institutions
sociales. On ose alors leur dénoncer
le désordre, leur dévoiler le mal ; ils
peuvent ensuite en arrêter le cours,
y appliquer le remède convenable.

Ce bienfait, LOUIS XVI vient d'en
donner l'exemple à l'Europe. C'est
IDOMÉNÉE, *inspiré par* MINERVE,
qui, après avoir rappelé PHILOCTETE,
*pour réparer les maux qu'ont faits en
son absence* PROTESILAS *et* TIMO-
CRATE, ne veut plus s'occuper que
du bonheur de son peuple ; c'est
TRAJAN qui déclare qu'*il veut être
ce qu'il désirerait que fût l'Empereur,
s'il ne l'était pas.*

Cette tâche, qu'il s'est solennel-
lement imposée, il en a mesuré

toute l'étendue, mais elle n'alarme point son courage. Justement rassuré par la *droiture de ses intentions et son amour pour ses peuples*, elle ne lui paraît que douce et facile à remplir :

„ IL CONNAIT L'AUTORITÉ ET „ LA PUISSANCE D'UN ROI JUSTE, „ AU MILIEU D'UN PEUPLE FIDEL-„ LE, ET ATTACHÉ DE TOUT TEMPS „ AUX PRINCIPES DE LA MONAR-„ CHIE :

„ TOUS LES ORDRES RÉUNIS DE „ SENTIMENS CONCOURRONT AVEC „ LUI AU BIEN GÉNÉRAL DE L'É-„ TAT. „

Telles sont les paroles à jamais mémorables par lesquelles *un Souverain*, qui se plaît à se qualifier lui-même, en présence de la nation réunie,

réunie, du titre de *premier ami de ses peuples*, annonce ses vues, et présage nos espérances : Paroles qu'on ne peut trop répéter ; que le burin va sans doute s'empresser de graver sur le bronze, et qui ont déjà marqué sa place dans la postérité.

O ma patrie ! cité où j'ai pris naissance, cité que ton attachement pour tes souverains n'a pas moins rendue fameuse que la célébrité de tes *anciennes destinées*, de ton ancien commerce, de tes anciennes révolutions ; recueille particulièrement dans tes archives ce dernier mot, surtout, d'un second HENRI (8).

S'il est dans l'essence des gouvernemens d'être frappés de la fatalité

(8) Le lecteur me pardonnera cet élan subit de sensibilité, lorsqu'il se rappellera que HENRI IV,

qui plane sur l'univers, les secousses que peut éprouver un état monarchique ne sont jamais ni durables ni bien dangereuses. Elles ne couvent jamais la foudre qui, dans les autres états, s'échappe par fois avec furie du foyer qui la tient quelque temps concentrée, et produit des explosions dont le ravage est irréparable.

Parmi les qualités distinctives des monarchies, parmi leurs attributs caractéristiques, parmi tous les avantages qui leur ont irrévocablement assigné la prépondérance politique dont elles jouissent, on doit sur-

___

après avoir authentiquement pris, dans une assemblée de la ville de La Rochelle, le titre de BON AMI des Rochellois, signait ainsi toutes les lettres qu'il leur écrivait.

tout distinguer les ressources inhérentes à leur constitution même. Ce sont ces ressources, c'est cette constitution, qui d'un côté rendent le rétablissement de l'ordre, s'il a été troublé un instant, aussi prompt que facile, et de l'autre le point de perfection désirable plus possible que par tout ailleurs.

Pour nous borner ici à ce qui concerne la législation, en ouvrant l'Histoire nous la trouvons, sous les rois de la première race, simple mais agreste, expéditive mais sans formes, brière mais sans prévoyance. Il n'y avait alors, et il ne fallut que peu de lois.

Sous les rois de la seconde race, elles se multiplièrent, le code devint plus volumineux, ou plutôt on commença à former un code ; c'est-à-dire qu'à celles qui existaient on en ajouta de nouvelles. On essaya de distinguer les espèces, de diviser les matières. Mais elles restèrent encore bien loin, ces lois, du degré où elles parvinrent par la suite.

Avec la troisième race cet institution monstrueuse, appelée *féodalité*, prit une consistance réelle. Elle influa sur la législation, elle la corrompit ; et ce ne fut qu'après l'épuisement d'hommes, de numéraire et de fortunes qu'éprouva la France (funeste suite de ces émigrations impolitiques dont l'inconséquence était masquée du prestige de la religion) que les lois prirent une certaine teinte de sagesse, d'équité et de lumières. Déjà sous LOUIS IX on voit la législation faire un pas rapide vers une activité qu'elle conserva quelque temps sous ses successeurs, mais qu'elle perdit bientôt au milieu de la fluctuation d'intérêts divers qui troubla et interrompit, par intervalles, la marche uniforme de la monarchie.

Nos codes, tels qu'ils existent, parurent enfin. On put les prendre pour une merveille; on put élever, et au monarque qui en ordonna la rédaction, et aux coopérateurs qui y travaillèrent, des autels consacrés à la reconnaissance. C'était beaucoup alors que ces codes. Mais en passant à la filière de l'expérience et des temps, ils devaient retomber à la seule place qu'ils méritent.

Enfin nous allons en voir éclore

de nouveaux. Nous les devrons au concours de toutes les lumières réunies de citoyens de tous les ordres. La science des lois va devenir l'affaire de tous. Elle n'est plus depuis longtemps circonscrite, comme l'arche dans son sanctuaire, dans le cercle étroit d'une seule classe d'hommes. Tous ceux qui pensent, qui écrivent, ont justement osé porter sur elle l'oeil perçant de l'analyse, avec lequel on va jusqu'à la vérité.

C'est ainsi que d'essais en essais, d'efforts en efforts nous en serons venus à un certain degré de perfection. C'est ce que SOLON attendait de la postérité, lorsqu'il exigea des Athéniens que les lois qu'il venait de leur donner fussent changées au bout de cent ans.

Toute législation doit être fondée sur les lumières de la raison. L'usage, qui trop souvent n'est qu'un abus prolongé, doit céder au voeu général. La crainte d'attaquer les abus, si elle dure trop longtemps sans motifs politiques bien légitimes, dégénère en crime.

Pourquoi dans une monarchie où il n'y a qu'un seul peuple, qu'un seul législateur, qu'un seul roi, qu'un seul gouvernement, n'y a-t-il pas de même qu'un seul poids, qu'une seule mesure dans le commerce comme dans la législation ? Pourquoi n'y a-t-il pas qu'un seul code ? Pourquoi toutes les coutumes qui font loi ? Pourquoi cette *jurisprudence des arrêts*, qui, dans les différens lieux, forme autant de jurisprudences différentes? Pourquoi ces prérogatives, ces immunités particulières à telle ville, à tel corps, tandis que la ville voisine, le corps correspondant sont sous le régime commun? Pourquoi des priviléges? Pourquoi... Mais il est temps de nous arrêter. Toutes ces questions seront traitées sans doute, et ce n'est pas à nous à prévenir ici ce qui ne peut être que le fruit d'une méditation suivie, d'une discussion éclairée, et du temps.

Mais si pour la rédaction d'un code, il faut tout entendre, tout examiner, accueillir tout ce qui sortira de la plume de nos écrivains, pour obtenir de la diversité, qui ne manquera pas de se trouver dans les opinions, la lumière vive et pure qui doit à jamais briller sur la France à cet égard, il faut, sans doute, que l'examen s'en fasse dans le silence de la retraite; qu'on en laisse le soin à des hommes choisis, dont l'esprit et le coeur soient dirigés par un goût sévère, une morale saine, une dialectique sure, un tact fin et juste, qui réunissent l'instruction au sentiment, les lumières à la raison, la philosophie à la connaissance du monde (9), mais qui ne tiennent, s'il

(9) Je ne sais plus par quelle académie il a été mis en question, il y a quelques années, *s'il était plus nécessaire d'étudier les hommes que les livres*. Je ne crois pas qu'elle ait été traitée; je ne crois pas non plus qu'elle eût besoin de l'être. L'auteur d'un avis singulier, répandu dans plusieurs ouvrages périodiques, pensait de même. Il voulait connaître à fond les hommes par euxmêmes. Voici de quelle manière il manifestait son voeu. „ Un jeune homme qui a conçu le „ projet d'un ouvrage national, demande à la „ société en général, et en particulier à chacun

est possible, à aucun corps, ou du moins, s'ils tiennent à quelques-uns, n'en soient que des membres isolés.

Les corps ne doivent être consultés que sur l'ensemble, sur le résultat de l'examen, sur les modifications que peuvent exiger les localités. Si l'on veut leur communiquer les projets de lois, recevoir leurs observations, si l'on doit

„ des membres pensans qui la composent, quel
„ homme il voudrait être en France, ou quelle
„ place il désirerait occuper dans ce royaume
„ pour être heureux, autant toutefois qu'il est
„ possible de l'être sur la terre. Cette question,
„ avant d'être résolue, demande, dit-on, beau-
„ coup de réflexion et d'examen. Les personnes
„ qui donneront leur sentiment, l'étayeront de
„ raisons, &c. „ Combien de personnages de
toute espèce seraient dispensés de cette confession, si l'on pouvait suivre pendant quelques
années leurs démarches et leur conduite ?

ensuite leur en confier le dépôt, leur en remettre l'exécution, il n'est peut-être pas aussi essentiel de les charger de la rédaction d'un code. Il est trop difficile de se tenir en garde contre l'esprit de corps, les préjugés d'état, l'habitude des choses. L'Histoire nous prouve que les meilleures lois ont été rédigées par un seul, ou sur les exemples des temps, ou sur les matériaux fournis par plusieurs. Les corps peuvent maintenir l'établissement de la législation, ils peuvent contribuer à l'asseoir sur ses bases, à la garder intacte; mais qu'ils réussissent à compléter un code de lois satisfaisant, c'est ce que je crois très-difficile.

Cette opinion, j'ai osé la manifester par un mouvement pour le bien public, dès le mois de décembre de l'année dernière, dans une lettre que j'eus l'honneur d'écrire alors à M. le Garde des sceaux, relativement à ma demande d'un censeur pour l'ouvrage que je publie aujourd'hui. Mais j'aurais peut-être hésité à l'imprimer, si je n'avais pas vu depuis que je la partage avec d'autres écrivains qui n'ont pas craint de la publier, et si les lettres-patentes du six janvier de cette année ne m'avaient pas convaincu qu'elle ne peut contrarier les principes actuels de l'administration (10). Quelque pénétré que je sois de sa justesse, je l'aurais sacrifiée à l'espèce

____

(10) Ce n'est point, en effet, un corps particulier de magistrature que ces lettres ont appelé au travail préparatoire de recueillir, en un même

de circonspection forcée qu'exige la place où le décret des circonstances m'a jeté, et qui m'eut fait alors une loi impérieuse du silence.

Maître absolu de sa pensée, l'homme peut bien, dans quelque position qu'il se trouve, apprécier, juger dans son intérieur les actes mêmes des puissances auxquelles il est obligé de soumettre et sa volonté et ses mouvemens, et jusqu'à ses propres sensations. Mais il serait au moins nul pour sa gloire (quand surtout il est relégué dans un de ces rangs subalternes qui seraient trop heureux si l'on ne les dévouoit

code, toutes nos lois civiles et criminelles ; et d'y proposer les changemens qui paraîtront néces-saires ; ce sont des magistrats de différentes classes, de différens tribunaux, de différens corps.

qu'à la modestie et à l'obscurité) de hasarder un avis isolé pour la chose publique.

Un commis subalterne, dans presque tous les départemens de l'administration, eût-il de l'esprit, des connaissances, des talens, de l'activité, doit, en entrant en place, se revêtir à jamais de cette nullité morale, de ce dévouement purement passif et aveugle qu'exige l'harmonie de la subordination et de l'ordre. Il est trop loin des ministres. Souvent il vieillit sous le harnois, sans que, dans la succession nombreuse de ceux-ci, aucun l'ait aperçu; comme il est possible que plusieurs passent par cette place sans qu'à son tour il ait même entrevu leur figure.

Telle est l'existence de ces *coopé-*

rateurs, de ces *agens* des opérations ministérielles, dont on a tant envié, tant désiré les places. A l'influence maligne qui, depuis quelques années, semble peser sur eux, dans le département de la guerre surtout, se joint encore le glaive de l'opinion publique, suspendu en cé moment par un simple fil sur leurs têtes : comme si ce n'était pas assez pour cette classe de citoyens , qui peut se croire utile, que de s'être vu flétrir par un réglement dont les dispositions, pour la majeure partie, n'ont pu qū'éteindre le peu d'émulation qu'il lui fut possible de conserver , l'espérance d'un juste avancement, &c. de s'être vu dégrader, pour ainsi-dire, à ses propres yeux (si l'homme ne savait honorer sa place, quelle qu'elle soit) par cette distinction imprimée sur le corps de ses chefs, distinction qui n'était rien moins que nécessaire si l'on voulait ajouter de la considération à leurs places , mais qui bientôt les a fait croire , dans l'opinion , d'une autre essence que leurs compagnons d'armes , puisque plusieurs de ceux-ci ont jugé leur gloire intéressée à obtenir au moins moitié de cette distinction ; enfin, d'avoir vu destiner à ces mêmes chefs une décoration qu'il est honorable pour ceux qui l'ont obtenue de la devoir à l'ancienneté et à l'utilité de leurs services , mais qui d'un côté (ayons le courage d'en convenir) a réveillé de nouveau l'envie contre les bureaux, et de l'autre paraît agrandir encore entre

ces

ces chefs et les subalternes une distance qui, dans la nature même
de la chose, ne devrait pas exister,
ou du moins ne devrait qu'à peine
s'apercevoir.

*Traitemens énormes des employés de
l'administration, appointemens monstrueux de tous les suppôts du ministère :*
Voilà ce qu'on lit dans tous les
écrits du jour ; voilà ce que tous
les échos répètent, d'une extrémité
de la France à l'autre ; voilà les objets
particulièrement marqués du sceau
d'une proscription générale.

Est-ce prévention, est-ce justice ?
Les États-généraux décideront la
question, si, lorsque les diverses
dépenses des départemens leur seront soumises, ils pénètrent jusque
dans les détails.

Je ne dois prévenir ici ni leur examen ni leurs observations ; il ne m'appartient pas d'anticiper sur la marche naturelle des choses : mais il peut m'être permis d'opposer à la clameur publique un fait qui m'est en partie personnel.

C'est que dans le bureau auquel je suis attaché, une simple somme de onze mille neuf cents livres forme le total des traitemens de huit des individus qui le composent, parmi lesquels se trouvent deux pères de famille, parmi lesquels quatre comptent déjà de vingt à vingt-cinq ans de service, et les autres de huit à dix.

Il ne faut qu'ajouter à cet exposé que c'est dans ce bureau que se traitent toutes les affaires relatives à l'administration civile et politique de plusieurs provinces, que se rédigent, que s'expédient tous les actes qui intéressent leurs habitans, et qui émanent du Souverain (11).

Hé bien, il n'est personne de nous qui se permette même l'impatience du murmure contre une répartition d'existence si disproportionnée avec la nécessité des temps et des lieux. Nous savons tous supporter avec résignation une fatalité qu'on ne peut imputer qu'à un concours de circonstances qui n'eurent jamais rien d'alarmant pour notre délicatesse. La persuasion intime où nous sommes

(11) Ces provinces sont l'Alsace, l'Artois, le Cambresis, la Corse, le Dauphiné, les Evêchés, la Flandre, la Franche-Comté, le Hainaut, la Lorraine et le Roussillon.

qu'il n'a pas dépendu du coeur de notre chef actuel que sa voix ne fût assez forte pour se faire entendre, lorsqu'à plusieurs reprises il a plaidé la cause de ses compagnons, soutient notre courage et notre zèle. En lui rendant ici publiquement, et au nom de tous, cette justice, je ne crains pas d'être démenti par aucun. Il nous la rend également. Il nous la doit, puisqu'il sait apprécier l'estime et l'attachement que nous lui avons tous dévoués, et dont nous aimons à lui donner tousles jours des preuves. Nous ne suivons au reste aujourd'hui que l'exemple qu'il nous a donné autrefois : il y avait déjà long-temps que notre suffrage et nos voeux le portaient à la première place, il y avait longtemps qu'il méritait d'être à notre tête, qu'il végétait encore dans cette même médiocrité qui semble vouloir se transmettre par succession dans ce bureau, comme une hérédité de famille.

Cette digression était nécessaire à mon cœur, je la devais à l'estime dont il est naturel que tout être pensant sache s'honorer lui-même. S'il y a une certaine noblesse à reconnaître publiquement la dépendance à laquelle on s'est soumis, s'il est juste de porter avec patience le joug qu'on s'est imposé; il y aurait de la bassesse de ne pas se montrer sensible à l'approche de l'humiliation, à l'impression d'une défaveur aggravante, à la sévérité d'un préjugé injuste.

Cette circonspection, essentiellement inhérente à la place que j'occupe, dut donc arrêter, pour moi le mouvement d'impulsion générale imprimé à toutes les plumes par les circonstances actuelles; elle dut s'opposer à ce que j'osasse, *ex professo*, présenter sur les objets d'administration qui peuvent m'être connus, des idées qu'on préférât devoir attendre d'hommes revêtus d'un caractère et d'une mission plus propres à inspirer la confiance : mais elle ne put pas m'interdire de porter dans un autre champ et mes pas et mon ardeur.

Appelé autrefois par goût et par choix à une profession particulièrement consacrée à la défense des droits des citoyens sous tous les rapports, tout ce qui peut intéresser leur tranquillité, leur fortune et leur vie, fut pour moi l'objet indispensable de mes premières études. Le droit public, le droit privé, les formes judiciaires, offrirent toujours à ceux qui reçurent en partage de la nature une brûlante émulation et une insatiable avidité de connaissances, la plus vaste carrière de méditation et de travail. Je ne l'ai jamais entièrement quittée cette carrière, dans laquelle, athlète jeune encore, j'avais, il y a plus de vingt ans, juré de passer ma vie. Forcé par l'empire de ma destinée d'en abandonner l'arène publique, je n'ai pas cessé d'en fréquenter en secret les sentiers qui aboutissent à ceux qu'il m'a été permis de parcourir également dans la nouvelle carrière où le sort m'a fixé. Aujourd'hui que tout citoyen est comptable à la patrie du fruit de ses veilles et de ses observations, j'ai cru que je pouvais aussi entrer en lice. Dans le choc d'une grande action, il est bien difficile à l'homme qui se sent quelques forces de rester paisible et oisif spectateur.

Depuis longtemps notre code pénal, notre procédure, notre forme judiciaire, tant au civil qu'au criminel, me fournissaient de nouvelles réflexions que je jetais à mesure sur le papier. Déjà elles avaient pris une certaine étendue, et je me disposais à les mettre en ordre, lorsque le hasard m'a fait découvrir deux ouvrages italiens nouvellement mis au jour, dans lesquels j'ai cru entrevoir, et plus d'analogie avec mes propres idées que dans tout ce que j'avais lu jusque-là, et plus d'approximation du véritable but où nous devons tendre en procédure. Me procurer ces ouvrages, les lire, entrer en correspondance avec leurs auteurs; obtenir de M. le Garde des sceaux l'agrément de les publier dans notre langue, tout cela fut la suite rapide du zèle dont je me sentis enflammer. M'occuper de les traduire; employer à ce travail tout le temps dont il m'est possible de disposer; sacrifier, pour en perdre moins, la dissipation, les délassemens que procure la société; me séquestrer entièrement de toute distraction, même de celle qui a le plus de charmes, parce que ses plaisirs sont plus durables (celle de

la littérature) : telle est, depuis six
mois surtout, la tâche que je me
suis imposée, et dont le prix me sera
bien doux, si le suffrage de mes
concitoyens, que j'ambitionne, m'au-
torise à me dire à moi-même : *J'ai
bien mérité de ma patrie* (12). Réserver
mon propre ouvrage pour servir de
suite à ceux-là ; ne me permettre que
de très - courtes notes par respect
pour le texte ; rejeter pour une
autre lieu celles qui se présentaient
en foule sous ma plume : voilà la
justice que j'ai dû rendre à ces auteurs et à moi-même.

(12) Un homme en place, qui ne *trouve même
pas le temps d'être malade*, m'a demandé comment
je fesais *pour trouver celui de composer des livres*.
Cette question pourrait m'être faite encore. Ce
qu'on vient de lire est ma réponse.

L'habitude du barreau, l'expérience des affaires, nous apprend
depuis bien des siècles que la forme
influe partout sur le fond, dans la
marche et la conduite des jugemens.
C'est une vieille erreur consacrée
par le temps, et qui règne en despote
sur les opinions. Il importe enfin de
la détruire.

Il faut des formes, sans doute;
mais il faut qu'elles soient bonnes.
Simplicité, précision, clarté, voilà
surtout ce qui manque aux nôtres.
Si ce n'est pas un petit ouvrage que
d'opérer en ce point une utile et
salutaire réforme, il faut redoubler
d'attention et de recherches pour y
parvenir. C'est surtout de la procédure criminelle dont il est aussi difficile que désirable d'atteindre la

perfection. On a en matière civile des ressources qui manquent dans celle-là, pour prévenir l'oppression. Il existe une science des conventions sociales, un style des actes *foede-ratifs*, une méthode sûre de procéder dans les contrats civils, tant publics que privés : cette science, ce style, cette méthode, on peut les apprendre ; on peut se prémunir, contre sa propre ignorance, des lumières de guides éclairés, des conseils des gens de l'art. Mais au criminel il n'y a rien de déterminé, tout est absolu. L'homme est livré à lui-même, et ses propres connaissances, quelles qu'elles soient, deviennent presque nulles. Ici la procédure est un antre obscur dans lequel on croupit sans mouvement, parce qu'on doit même craindre de s'y en permettre : la moindre clarté de crespuscule n'y pénètre jamais ; on y est condamné à attendre son sort dans toutes les angoisses de l'éternelle incertitude. Là ce n'est qu'un labyrinthe tortueux dans lequel on reste très-longtemps égaré, mais où l'on peut du moins, au prix de l'or, jouir d'une respiration libre, et de toutes les bluettes de l'espérance.

C'est d'après cette opinion que j'ai cru devoir commencer l'exécution du plan que je me suis fait, par traiter de la procédure criminelle.

L'ouvrage dont j'offre ici la traduction n'a qu'elle pour objet. Après avoir suivi ses révolutions

successives , les différens changemens qu'elle a éprouvés chez tous
les peuples de l'antiquité, l'auteur
démontre d'une manière aussi précise qu'énergique les vices dont elle
est entachée chez presque toutes les
nations modernes. Il parcourt suc-
cinctement, mais sans en oublier
aucun, tous les abus auxquels les
formes actuelles donnent lieu. Il
finit par proposer deux plans ; l'un
de réforme totale, l'autre de simple
correction du système judiciaire criminel.

La peine que j'ai prise annonce
assez le jugement que j'ai porté de
cet ouvrage. Il m'a paru propre à
être accueilli, dans les circonstances
actuelles, de tous ceux qui ont quelque influence sur le sort de la chose

publique. Présenter dans un tableau raccourci l'histoire de la procédure criminelle, comparer ses mouvemens, dévoiler ses turpitudes; au mal opposer le remède; offrir ce remède sous le double avantage de régime préparatoire et de régime curatif (car il en est des états comme des individus; la constitution de tous ne comporte pas toujours l'application subite des remèdes extrêmes, quelle qu'en soit la nécessité); voilà ce que je n'ai trouvé dans aucun ouvrage du siècle, voilà ce que nous donne M. PAGANO en très-peu de pages.

Il a cru devoir se borner à ce qui concerne purement la procédure. Il ne s'est permis qu'une simple énonciation de ses voeux relativement au code pénal. J'y suppléerai, si j'ose mettre au jour mes propres idées. Cet objet est un de ceux que j'ai traités dans mes observations.

M. PAGANO s'était déjà acquis une réputation méritée par des essais politiques dont il avait publié le premier volume dès 1783. Il nous avait appris par des pièces de théâtre, jouées avec succès à Naples, qu'à la plus haute philosophie il n'était pas impossible d'allier le don des muses. Ses *Considérations sur la procédure criminelle* viennent de mettre le comble à sa gloire. C'est le jugement qu'en ont porté plusieurs personnes éclairées d'Italie ; et quelques journaux n'ont pas craint d'imprimer : *Les vues excellentes de ce philosophe, toutes dirigées vers le bien de l'humanité,*

vers

vers le repos et la sécurité des citoyens, ne pourraient qu'honorer les princes qui les adopteraient.

Une personne cependant, dont les lumières, les connaissances et la réputation aussi soutenue que générale, justifient à tous égards la confiance qu'elle m'avait inspirée il y a longtemps, par une sévérité que je n'ai pu attribuer qu'à un mouvement d'intérêt pour moi, a alarmé un instant mon courage. Je l'avais consultée sur quelques passages isolés du texte. Elle en a pris contre l'ouvrage une prévention si défavorable, qu'elle n'a pas hésité à me faire entendre qu'elle craignait que je ne recueillisse moins de gloire que de peine de mon entreprise, toute patriotique qu'elle fût. Le style ne lui en paraissait ni pur, ni correct, ni convenable au sujet. Le pays où j'avais été prendre mon jurisconsulte ne lui semblait pas un choix heureux. Peu s'en est fallu, je l'avouerai, que je ne renonçasse à la douce illusion dont cet austère mais respectable censeur venait de déchirer le voile. Déjà j'allais sacrifier mon opinion, comme un prestige, lorsqu'un extrait assez détaillé de l'ouvrage de monsieur PAGANO tombe sous ma main. Dans cet extrait sorti de la plume d'un Français, les mots d'*éloquence* et d'*énergie* frappent mes yeux. Je relis l'ouvrage, je le médite de nouveau, et je sens qu'en effet le style en est souvent *éloquent* et *énergique*. J'ai donc repris ma tâche avec une nouvelle ardeur. Le désir de faire revenir mon Aristarque, par l'ensemble de l'ouvrage, d'un jugement dont j'ai peut-être à me reprocher l'injustice, par les coupures isolées que je lui en ait fait seulement connaître, a été pour moi un motif de plus d'émulation.

Je ne disconviendrai pas qu'il y a des chapitres où l'auteur n'a peut-être pas donné toute l'étendue de développement qu'exigent les sujets dont ils portent les titres : mais il a voulu faire un ouvrage court, et il marche d'un pas rapide à son but. Cette attention de périodes compassées, cet encadrement d'*idées mille fois exprimées*, *cet art des constructions nettes qu'acquièrent facilement les esprits médiocres*, il les a peut-être quelquefois négligés. Mais l'homme de génie, le penseur profond prend son vol dans tout son essor ; *il se fait un style pour ses idées, et non des idées pour le style.* (13).

L'administration de la justice à Naples , comme ailleurs, a sans doute ses nuances, ses diversités,

(13) Les ouvrages des bons écrivains sont comme l'air dont il est permis à tout le monde de respirer sa part. J'ai donc hardiment emprunté tout ce qu'on lit ici de souligné, et qui revenait si bien à mon sujet, d'un des plus distingués de nos littérateurs actuels, qui partage aujourd'hui avec son frère, dans l'assemblée de la nation, la gloire d'avoir vu réunir sur leurs deux têtes tous les suffrages de leurs concitoyens pour l'honorable mission qu'ils y remplissent.

C'est encore ce même littérateur qui a dit cette phrase si remarquable et si juste, mais si désolante pour.... les traducteurs surtout : *La perpétuelle occupation de mettre son esprit dans l'esprit d'un autre, doit en contraindre les mouvemens, en étouffer la chaleur, en borner les vues.*

qui la différencient de celle qui a lieu en France. Mais à Naples, comme par tout où les préjugés n'ont pas encore entièrement cédé à la raison, où les abus étayés de l'empire de l'usage ont encore force de loi, la procédure est ternie des mêmes taches, est infectée des mêmes vices.

On jugera, à la lecture de l'ouvrage de M. PAGANO, qu'il n'a pas borné l'utilité de ses recherches à sa seule patrie; on verra jusqu'à quel point ses vues peuvent être applicables à d'autres pays que le sien; et si je vais donner ici un tableau raccourci de la *manutention* judiciaire de Naples, c'est moins pour répondre à l'objection qu'on m'a faite d'avoir pris mon auteur dans ce barreau, que pour satisfaire la curiosité de quelques-uns de més lecteurs.

La chicane, dans le royaume de Naples, est une mine féconde où plus de trente mille individus puisent tous les jours l'aliment de leur aisance, et souvent de leur luxe. C'est une véritable banque où les plaideurs, leurs conseils et leurs juges font également l'*agio*. La multiplicité des formes, l'incertitude de la jurisprudence, l'astuce de la procédure, secondent à merveille l'esprit du pays, et le goût national, naturellement portés vers l'intrigue qui éternise les procès. Sa Majesté Sicilienne, malgré ses soins vigilans pour le bonheur de ses peuples, n'a pu encore obtenir cette réforme morale. Si quelque chose devait en hâter l'époque, c'était, sans doute, l'esprit qui a présidé à la rédaction de ces DÉPÊCHES ROYALES qu'elle a fait publier en 1774, relativement aux décisions qui émanent des tribunaux de la ville de Naples. Restreindre les juges à la simple qualité d'*exécuteurs des lois*, dont ils ne doivent être ni *les auteurs*, ni *les commentateurs*; rappeler *le droit* à son institution primitive, c'est-à-dire le rendre *certain*, *défini*, *et non arbitraire*, &c. &c. tel fut l'objet de ces Dépêches qui excitèrent cependant beaucoup de réclamations et de clameurs, et dont les dispositions ne jouissent pas encore, à ce que je crois, d'une pleine et paisible exécution.

C'est surtout en matière criminelle

que la distribution de la justice
dévoile les obstacles qui s'opposeront encore longtemps au complé-
ment de la félicité d'un peuple que
l'influence du climat sous lequel il
vit*, la fertilité du sol qu'il habite,
paraîtraient y appeler. Un despotisme aristocratique, reste fatal de
l'ancienne institution féodale, règne
au milieu de l'activité d'une monarchie florissante. Des demi - tyrans,
appelés BARONS, qui jouissent encore du pouvoir de faire emprisonner leurs vassaux, *pour causes à eux
connues*, y sont revêtus du plein
exercice de la juridiction criminelle:
car je ne regarde pas comme magistrats, mais seulement comme leurs
délégués, ces juges qu'ils commet-
tent chaque année à l'instruction des

instances, au jugement des délits qui ont lieu dans leurs fiefs, et qu'ils savent se ménager le droit de révoquer à chaque instant, au gré de leur caprice et au voeu de leur dévotion. Ces juges auxquels l'esprit, qui même dans l'esclavage se permet quelquefois des saillies et des élans, a consacré un surnom bien expressif et bien propre à donner une juste idée de leur puissance (au nom de juges ils réunissent celui de gouverneurs des fiefs) présentent dans leurs personnes les deux extrêmes de la grandeur et de la bassesse. Leur autorité, plus réelle et plus étendue sur les peuples que ne l'était celle des préteurs de l'ancienne Rome, s'humilie sous le joug de la servitude dont ils font profession envers leurs patrons.

Vendre l'impunité, transiger sur les formes, vexer les justiciables, mettre également à contribution l'honnête citoyen et l'homme vicieux, il n'est point d'horreurs qu'on ne doive craindre de pareils magistrats. La même main qui les constitue est là pour les soutenir contre l'indignation qui voudrait s'émouvoir, pour les raffermir contre la crainte ou la délicatesse qui pourrait les ébranler, pour les refréner contre le remords qui tenterait de les rappeler aux principes de l'honneur.

Mais j'abrége ce tableau qu'on pourra voir tracé en grand et d'une main hardie et ferme, à la manière des grands maîtres, par le chevalier FILANGIERI, ce jeune MONTESQUIEU de l'Italie, qu'une mort

prématurée a moissonné l'année dernière. C'est dans son ouvrage (*la
Science de la législation*), qui mérite
d'être lu, relu et médité, quoiqu'il
n'ait pu le porter à la juste perfection de développement et d'analyse
de principes qu'il se proposait de
lui donner ; c'est dans son ouvrage
qu'il faut voir avec quelle énergie,
avec quel courage, avec quelle force
de raisonnement, de raison et de
style, mais en même temps avec
quelle décence, avec quelle justice
l'homme sensible, l'écrivain patriote
élève la voix contre les abus ,, quand
,, les droits sacrés de l'humanité et
,, les intérêts de l'état l'exigent ,,.
Lorque dans son chapitre *de la
distribution vicieuse de l'autorité judiciaire dans une grande partie des*

nations de l'Europe, il dévoile „ les „ maux particuliers de sa patrie „; c'est toujours à la chose qu'il s'attache, et jamais aux personnes. Lorsque dans le chapitre, *sur la féodalité*, il déclame contre „ cette institution, „ telle qu'elle existe encore chez „ quelques nations de l'Europe, „ qui donne aux peuples plusieurs „ tyrans au lieu d'un roi, qui offre „ la dépendance de la monarchie „ sans l'activité de sa constitution, „ le tumulte de la république sans sa „ liberté „, ce n'est que contre l'institution en elle-même qu'il déclame, et non contre les individus qui en jouissent. „S'il attaque les droits ima-„ ginaires de la classe de la société „ la plus puissante, il est éloigné „ de calomnier la conduite de ceux

„ qui la composent „. Ce n'est jamais l'élévation des grands qu'il envisage, c'est l'usurpation de la puissance contre laquelle il réclame. Il défend la cause de la monarchie, mais il ne disconvient pas „ qu'il „ est juste, qu'il est dans l'esprit „ de ce gouvernement que la no- „ blesse y soit revêtue de quelques „ distinctions honorables „.

Toujours il marche la balance de l'équité à la main. S'il détruit une prétention, il accorde une prérogative; s'il anéantit une possession, il reconnaît une jouissance; s'il nie une autorité, il consent une influence; à côté du refus qui détruit, est la concession qui soutient. L'égalité règne dans sa discussion; partout il imprime une ligne exacte de démarcation.

Un dernier morceau que je vais
transcrire en fournira une nouvelle
preuve.

„ Dans les monarchies, dit-il, la
„ noblesse doit avoir quelques pré-
„ rogatives d'honneur, elle n'en doit
„ avoir aucune de pouvoir. Elle est
„ faite pour orner le trône, et non
„ pour en partager l'autorité. Elle
„ est moins une partie nécessaire
„ du corps politique, que l'ouvrage
„ des lois de l'opinion, favorisées
„ par la constitution du gouverne-
„ ment. En un mot, sans une no-
„ blesse héréditaire, la monarchie
„ pourrait être altérée, mais elle ne
„ cesserait pas d'exister; au lieu que
„ si à une noblesse héréditaire vous
„ joignez un pouvoir qui le soit éga-
„ lement, il n'y a plus de monarchie;

„ car deux pouvoirs, innés en quel-
„ que sorte, sont contraires à cette
„ espèce de constitution. „

Un écrivain qui connaissait ainsi
les droits de la monarchie sous laquelle il vivait, qui savait si bien
les développer, les distinguer, les défendre au milieu des entraves de l'oppression qui les cerne, méritait un
regard de son souverain, et il l'ob-
tint. Le roi de Naples avait appelé à
son conseil des finances le chevalier
FILANGIERI. Ce choix n'honora
pas moins le prince que le sujet.

Naples est aussi la patrie de monsieur PAGANO. Contemporain de
FILANGIERI, il en parle avec ce
respect que le mérite rend toujours
au mérite.

La traduction qu'on va lire est

fidelle. La marche des idées de l'auteur m'a paru bonne, je l'ai suivie. Deux fois seulement je me suis permis de transporter une ou deux phrases à une autre place que celle qu'elles occupent dans le texte. Je peux m'être trompé, mais j'ai cru bien faire. J'ai ajouté quelques notes à celles de l'auteur ; mais elles se distingueront facilement. Un chiffre numérique annonce celles - ci, un astérisque les miennes. Quelques expressions, techniques sans doute pour le pays, m'ont semblé exiger du développement, je n'ai point hésité à le faire. J'en ai averti une fois par une note à laquelle j'ai oublié d'ajouter qu'elle était non-seulement pour la phrase où elle est attachée, mais encore pour quelques

autres

autres qui la précèdent ou qui la suivent.

Un mot surtout, un seul mot m'a tenu pendant longtemps dans l'incertitude sur la manière dont je le rendrais en français. Cette manière devait influer sur le sens de toutes les phrases correspondantes à celle où se trouve ce mot. Il s'agissait du terme italien *presidio*. Le *praesidium* des Latins était bien à la vérité un guide pour moi. En le prenant dans son sens premier et propre, (garnison) l'ancien usage d'accorder, chez plusieurs nations, aux accusés leur propre maison pour prison, sous la garde de quelques soldats à leurs frais, se présentait alors à mon idée. Mais cet usage, dont dérive chez nous celui de commettre nos gardes du commerce ou de la connétablie auprès des débiteurs , auprès des gentilshommes sous jugement du tribunal des maréchaux de France, cet usage avait-il lieu dans le royaume de Naples ? En donnant à son acception un peu plus d'étendue, le mot *galères* venait sous ma plume. Mais j'avais vu rendre cette peine par une expression propre dans plusieurs criminalistes italiens, et dans l'ouvrage même de monsieur PAGANO ; pourquoi ne l'aurait-il pas employée ici ? En me portant à la métaphore de l'expression, l'image d'un château , d'une forteresse, d'une maison de force, d'une prison d'état, s'offrait à mon imagination. Mais l'auteur ne me paraissait pas avoir porté la sienne jusque-là. Enfin était-ce de l'*exil* que M. PAGANO voulait parler ? Ce mot m'avait été inspiré par une personne que je me ferai toujours honneur de consulter. Mais il ne me satisfaisait pas. Je n'étais rien moins que convaincu qu'il rendît justement l'idée de l'auteur. Je consulte encore. Plusieurs exemples me sont présentés, et me décident à préférer le mot simple et générique *prison* à tous les autres. Ai-je bien fait ? c'est au lecteur à en juger. Je lui livre cet ouvrage avec bonne foi comme sans prétention. Je l'ai cru bon, j'en ai jugé les vues utiles, j'ai estimé que si elles ne dispensaient pas entièrement du travail législatif dont on va s'occuper, elles l'abrégeraient au moins beaucoup. Après lui avoir rendu cet hommage de mon zèle, je lui dois encore celui de mon respect, et je n'ai plus qu'à lui dire avec HORACE:

> .... *Si quid novisti rectius istis*
> *Candidus imperti, si non, his utere.*

L'OUVRAGE dont je m'occupe actuellement, et que je me propose de publier le plutôt possible, est la traduction, également de l'italien, du *Projet d'un nouveau code judiciaire relativement aux causes civiles*, par M. FRANCESCO-VIGILIO DE BARBA-COVI, conseiller au conseil aulique de Trente.

C'est dans l'Italie que nous trouvons depuis longtemps les exemples qu'il faut suivre pour la régénération des lois judiciaires. Depuis que l'ouvrage de M. de BECCARIA a paru, tous les princes, tous les bons esprits de cette partie de l'Europe ont tourné leurs vues vers cet objet.

Voici l'histoire de ce code. Je la traduis littéralement du préambule qui lui servit de préface, lorsqu'un prince, entre les mains duquel la double puissance de l'empire et de l'épiscopat, loin de se nuire, concourrent à l'envi au bonheur du peuple qu'il gouverne, mit en pleine et entière vigueur, le huit août 1788, un ouvrage qu'il avait fait préparer dans le silence, et dont des essais répétés et partiels avaient déjà justifié l'utilité.

,, Convaincus (c'est le prince de

„ Trente qui parle) que la justice est
„ le premier et le plus sacré devoir
„ de la principauté, nous avons
„ ordonné au noble et très-excel-
„ lent le S. FRANCESCO - VIGILIO
„ de BARBACOVI, notre conseiller
„ aulique, de rédiger un plan d'or-
„ dre judiciaire convenable à notre
„ pays, et dans lequel, en abolis-
„ sant les antiques méthodes, inu-
„ tiles ou pernicieuses, il présentât
„ une forme nouvelle de procédure,
„ claire, simple et brève. Après
„ avoir procédé à cet ouvrage avec
„ toute la maturité et l'attention
„ qu'exigeait son importance, il
„ nous a présenté le fruit de ses
„ veilles, et il a publié par la voie
„ de l'impression un projet de code
„ judiciaire qui atteint non - seule-

„ ment le but désiré d'abréger les
„ procès, de les rendre plus simples,
„ moins dispendieux, mais encore
„ qui renferme quelques disposi-
„ tions salutaires, propres à étein-
„ dre et finir, dès leur naissance,
„ un grand nombre de contestations,
„ comme à faciliter et provoquer
„ même, dans le cours de la cause,
„ des arrangemens à l'amiable ; et,
„ par là, à couper court tant à la
„ durée qu'à la multitude des pro-
„ cès aussi préjudiciables au public
„ qu'aux particuliers, et toujours
„ aussi funestes à la paix, au repos
„ des familles, qu'à la concorde,
„ à la tranquillité civile qui est un
„ des biens les plus précieux des
„ hommes.

„ Avant de donner à ce nouveau

,, plan quelque vigueur, cédans aux
,, désirs de l'auteur même, nous
,, avons voulu le communiquer à
,, tous les magistrats et à tous les
,, individus de notre domination,
,, en les engageant, après avoir
,, examiné avec soin les nouveaux
,, réglemens proposés, les avoirpesés
,, dans la balance de la raison et de
,, l'utilité publique, de nous faire
,, part ensuite de toutes les réflexions
,, qu'ils jugeraient propres à nous
,, conduire plus surement au but
,, salutaire et important que nous
,, nous sommes proposé.

,, Nous avons vu avec le plus
,, grand plaisir, non-seulement que
,, les hommes les plus éclairés de
,, notre pays applaudissaient à ce
,, plan, mais encore que tous les

„ peuples de la principauté regar-
„ deraient comme le plus important
„ bienfait que nous ne tardassions
„ plus , comme ils nous en sup-
„ pliaient , à donner sanction et
„ force de loi au projet annoncé.
„ Nous avons vu encore que l'ou-
„ vrage de notre ministre réunissait
„ dans les pays étrangers et éloignés
„ l'approbation des hommes du plus
„ grand savoir, et particulièrement
„ de ceux qui sont profondément
„ versés dans la science de la légis-
„ lation.

„ Appuyés sur des suffrages aussi
„ respectables , nous avons raison
„ de croire que le code que nous
„ donnons à nos peuples , revu
„ depuis , corrigé et augmenté par
„ l'auteur, approche du plus haut

„ degré de perfection auquel il était
„ possible de le porter quant à pré-
„ sent.

„ Nous entendons toutefois pro-
„ fiter, en tout temps, des lumières
„ qui pourraient nous être fournies
„ par la suite, et qui tendraient de
„ plus en plus à l'amélioration de
„ notre nouveau code ; mais prin-
„ cipalement de celles qui sont na-
„ turellement le fruit du temps et
„ de l'expérience, dont nous som-
„ mes persuadés que dépendent la
„ bonté et la perfection d'une loi,
„ malgré tous les soins et toute la
„ prévoyance du législateur.

„ Nous avons cru au surplus ne
„ devoir pas différer plus longtemps
„ à faire jouir nos peuples des avan-
„ tages de la nouvelle législation,

„ et à faire cesser les maux auxquels
„ ils ont jusqu'ici été exposés par les
„ formes vicieuses adoptées dans
„ l'administration de la justice.

„ Ainsi, tout mûrement consi-
„ déré, et en pleine connaissance
„ de cause, de l'avis de notre con-
„ seil, et de la plénitude de notre
„ suprême puissance législative,
„ nous avons ordonné et ordonnons
„ la publication du nouveau code
„ judiciaire, &c. &c „.

Heureux le souverain et le sujet
qui marchent ainsi d'un pas égal
vers la postérité ! Heureux le peuple
chez lequel le nom d'un ministre
passe dans les fastes de l'histoire,
réuni avec celui du prince dont il
mérita la confiance !

Je dois à M. le chevalier d'HENIN,

secrétaire de légation à Venise, et à M. DUVAL, secrétaire attaché à l'ambassade de Naples, une reconnaissance particulière de la médiation qu'ils veulent bien me prêter pour suivre avec MM. de BARBACOVI et PAGANO une correspondance à laquelle j'attache le plus grand prix. J'aime à leur en donner ici un témoignage public. L'un et l'autre ont des connaissances étendues ; l'un et l'autre cultivent les lettres ; l'un et l'autre pratiquent la littérature italienne ; tous deux aiment les sciences : je ne pouvais manquer de trouver en eux la complaisance et l'honnêteté dont ils m'ont comblé, quoique je n'eusse pas l'honneur d'en être connu.

M. GOLDONI, qu'il suffit de

nommer, M. GATTESCHI, qu'il ne faut que connaître, ont aussi des droits sur mes sentimens. Le premier par la bonté et l'extrême complaisance avec lesquelles il a, malgré son grand âge, pris la peine de répondre, avec plus d'étendue même que je ne le demandais, à plusieurs questions que je lui avais faites. Le second par des détails, qui annoncent une saine érudition, sur des éclaircissemens que je l'avais prié de me donner. C'est avec autant de succès que de confiance que j'ai eu recours à leurs lumières.

Enfin il me reste encore une dette à acquitter, et je ne m'en dispenserai pas.

Je touchais à la fin de ma traduction, lorsque quelques amis, par une suite de l'intérêt qu'ils veulent bien prendre à moi, se sont occupés de me chercher les facilités de la faire paraître. Il est résulté de leurs soins des propositions toutes aussi honnêtes qu'encourageantes et commodes pour moi de la part de plusieurs imprimeurs de province. Nommer ceux-ci, c'est faire une profession publique de l'estime et de la gratitude que leur procédé m'a inspirées. Ce sont MM. VARROQUIER à Soissons, LEQUATRE à Montargis, CHEVRIER à Poitiers, COLLIGNON à Metz, PIVRON au Mans, et DECKER à Colmar. J'aurais été dans l'embarras du choix entre ces messieurs, si la liaison, que notre goût commun pour les lettres et les arts avait commencée entre M. ROLLAND et moi, n'avait, en se consolidant de plus en plus, décidé impérieusement ma préférence.

Fin de la préface.

CONSIDÉRATIONS

SUR

LA PROCÉDURE

CRIMINELLE.

INTRODUCTION.

L'HOMME, cet être fier des productions de ses mains et de son génie, qui, fixant les lois du mouvement, ose mesurer le cours invariable des planètes, et porter ses vues, ses spéculations jusqu'à prescrire des règles au sort des empires ; l'homme erra long-temps nud et sauvage au milieu des forêts, n'eut d'autre asile, contre l'intempérie des saisons, que des cavernes ou des creux

A

d'arbres, ne sut exprimer le petit nombre de sentimens grossiers dont son
coeur était susceptible, que par des sons
inarticulés. Tantôt la proie des bêtes
féroces, tantôt victime de la fureur de ses
semblables, il teignit souvent de son
sang les bois qui l'avaient vu naître.

Un instinct naturel, une attraction
morale, le forcèrent à rechercher la
société. Il devait y trouver une vie plus
sure et plus tranquille, une existence
plus douce et plus aisée, enfin un théâtre
plus vaste pour le développement des
facultés de son esprit et de son coeur.

Tels sont les trois grands objets que
la vie sociale a pour but principal;
tels sont les avantages qu'elle retire
de la législation criminelle qui assure
la tranquillité des individus qu'elle a
réunis, de l'économie qui fixe leur
opulence, des sciences et des arts qui
forment et développent leur esprit.

Si jamais le sort vous porte sur les
terres d'un peuple inconnu, et que
vous désiriez savoir si le flambeau des

connaissances a percé jusqu'à lui, ou s'il gémit encore sous les ténèbres de l'ignorance ou de la barbarie, tournez vos regards vers ces trois grands objets, et bientôt vous connaîtrez son état civil.

Ouvrez son code pénal ; si vous y voyez la liberté civile garantie par les lois, la sureté et la tranquillité du citoyen à l'abri de la puissance et de l'insulte, concluez hardiment que ce peuple est déjà policé, que son esprit est cultivé.

Si ses campagnes, au lieu d'offrir d'immenses déserts, sont couvertes des fruits de l'industrie et du travail ; si les productions de la terre y sont préparées et mises en oeuvre par l'artisan ingénieux ; si le cours des fleuves y est soumis à l'utilité de l'homme ; si les ports remplis de vaisseaux annoncent l'opulence et un commerce florissant, voilà encore un grand pas vers cette culture morale, qui influe sur le bonheur des peuples.

Enfin jetez un coup-d'oeil sur l'état des arts et des sciences qui, en perfectionnant l'esprit, répandent une nouvelle lumière sur la législation et sur l'économie politique. Si, au lieu d'être un vrai jargon, un recueil de subtilités inutiles, un luxe pédantesque d'une fastueuse érudition, elles sont le résultat de l'observation, le fruit de l'étude de la nature ; l'esprit national est déjà parvenu à un grand degré de perfection.

Mais dans un pays où l'homme n'est ni sûr ni tranquille, il ne pourra jamais être ni industrieux, ni riche, ni éclairé. La culture, la grandeur civile est un arbre majestueux dont la liberté forme la racine, l'opulence le trône, les sciences et les arts les branches : celles-ci reportent, par leur ombrage salutaire, et au tronc et aux racines, la sève qu'elles en reçoivent.

Or, la liberté civile est maintenue par la législation criminelle, et par les jugemens publics, qui sont l'objet principal et le plus intéressant de cette dernière.

La procédure criminelle, en réglant la forme des jugemens publics, devient donc la sauve-garde de la liberté, le rempart qui la défend contre la puissance, l'indice certain de la félicité nationale.

CHAPITRE PREMIER.

De la liberté civile.

La société, dont la formation précéda toutes sortes de conventions sociales, expresses ou tacites, fut fille du besoin. L'imperfection naturelle de l'homme, son insuffisance pour son propre bonheur, ce mouvement qui le pousse toujours vers le bien-être, le forcèrent à rechercher la société de ses semblables, laquelle pourvoyant à ses besoins le rend heureux autant que sa nature le comporte (1).

Qui dit société, dit aussi loi, sans laquelle aucune société ne peut jamais

(1) Voyez le troisième de nos essais politiques *.

* Il traite de l'origine et de l'établissement des premières sociétés. L'auteur y développe les différens progrès de ces sociétés chez les différentes nations.

subsister. L'état sauvage et barbare des hommes est un état de guerre privée, un état de destruction, un cahos moral. Chacun y déploie ses facultés morales et physiques, y exerce ses forces naturelles, en raison des passions qui l'agitent (2).

Alors, où les objets propres à satisfaire les désirs illimités de l'homme ne suffisent pas, ou ces mêmes objets les augmentent encore : de là la collision, la guerre, la dissociation, le bouleversement universel.

Mais l'Être suprême, qui veut la conservation de toutes les espèces que sa main divine a versées et répandues sur la terre, en portant l'homme à la société par le ressort caché du développement de ses besoins mêmes et de ses facultés naturelles, le soumit au frein de cette loi écrite dans le code de

______

(2) Voyez le second essai politique. *

* Il s'agit dans celui-ci de l'état barbare et sauvage des hommes, de leurs mœurs, de leurs coutumes, de leurs religions et du développement successif de leur esprit.

l'univers, gravée sur la voûte des cieux, dans le cours des planètes, et dans le fond du coeur humain. Loi unique et éternelle !

Appliquée au mouvement des corps, cette loi forme l'ordre physique ; considérée quant aux individus qui composent l'ample famille du genre humain, elle s'appelle loi naturelle ; relativement aux diverses nations comptées comme individus particuliers, loi des gens ; enfin adaptée à une société particulière, c'est la loi civile.

Cette loi borne l'exercice des puissances naturelles (3). Des limites qu'elle leur impose naissent la paix, la concorde, la société ; et il n'est d'autre règle à ces limites que la double conservation combinée de chaque individu, et de l'espèce entière, de façon que

(3) Voyez le cinquième essai politique, chap. 13. *

* Ce cinquième essai développe les commencemens et les progrès des sociétés cultivées et policées. Le chap. 13 traite de la loi universelle, et de l'ordre tant moral que physique.

chacun puisse à son gré user de ses facultés autant qu'elles ne pourront être nuisibles ni à lui-même ni à autrui.

Dans le système physique de l'univers, la résistance réciproque des corps produit l'équilibre et l'ordre. Dans l'ordre moral, ce sont les peines. Si les êtres sensibles et doués d'intelligence peuvent, parce qu'ils sont libres, user de violence, et en éprouver à leur tour, les peines sont là pour opposer une digue, un rempart, une borne à l'exercice illimité des facultés naturelles. Elles maintiennent la société, produisent l'ordre, protègent la loi, ou plutôt sont la loi même.

Les droits de l'homme sont donc cette même puissance, ces mêmes facultés circonscrites et limitées par la loi, en proportion de l'utilité générale, ou pour mieux dire, relativement à la conservation et au bonheur de tout le corps social. chaque citoyen peut donc surement employer ses forces, déployer l'exercice de toute sa puissance, pourvu que ce soit dans les justes bornes, et selon les règles que nous venons d'indiquer.

La liberté civile consiste à pouvoir user de ses droits sans aucun empêchement. *Elle est la faculté*, comme le dit CICERON , *de faire tout ce qu'il nous plaît , pourvu que la loi n'y mette point d'obstacle.*

On ne peut, dans le fait, entièrement empêcher que cette liberté ne soit quelquefois lésée par le crime. Telle est, nous l'avons dit, la condition des êtres libres; ils peuvent user de violence, et en éprouver, Mais il ne faut pas conclure de là qu'où il y a des crimes, il n'y ait pas de liberté. Elle n'est réellement perdue que lorsque le citoyen peut être offensé impunément, lorsqu'il n'y a pas une peine certaine et stable qui arrête ou punisse l'offenseur. Quand la loi laisse les droits du citoyen exposés à la violence; quand, par la force publique, elle ne le défend, ne le protège, ni ne le venge, c'est seulement alors que la liberté civile n'est plus assurée.

Le droit qui n'est pas garanti par la force est nul et illusoire. Dans l'état sauvage et barbare, chaque individu soutient le sien de sa propre force. Dans l'état policé, c'est au souverain à protéger, par la force publique, les droits du citoyen.

Mais si la loi, soit par omission, soit par quelque disposition vicieuse, fournit à un citoyen, à une classe entière, à un ordre particulier de l'état, enfin au magistrat même, le moyen d'opprimer quelques individus avec le bras de la force publique qui doit les défendre tous également, alors la loi elle-même anéantit la liberté civile.

On ne la blesse pas seulement par le fait, cette liberté, mais encore par la faculté de pouvoir le faire, quand on n'userait pas de cette faculté. Sa délicatesse est telle que la moindre ombre l'offusque, que le moindre souffle la ternit. La seule opinion de pouvoir être impunément opprimé nous dépouille de la libre faculté d'user de nos droits. La crainte attaque la liberté dans sa source même. C'est un poison répandu à l'embouchure d'un fleuve, et qui en corrompt tout le cours. Au lieu qu'une force extérieure ne fait qu'en arrêter l'exercice, de cette même liberté.

Il faut donc que la loi nous inspire la confiance de la sureté, qu'elle alimente, pour ainsi dire, notre esprit de cette confiance. Par-tout où le citoyen ne peut être impunément opprimé, par-tout où il ne peut éprouver aucune violence, s'il n'en a fait à personne, par-tout où il est persuadé et sûr que ses droits sont inviolables, que ses propriétés sont sacrées, il respire, à l'ombre des lois, la douce influence de la liberté civile, il jouit du sentiment paisible de la tranquillité, germe de la sureté.

CHAPITRE II.

Le défaut de procédure, et les délais excessifs dans la recherche des délits, détruisent également la liberté civile.

APRÈS les principes que nous venons de poser, il n'est pas nécessaire de démontrer qu'où triomphe l'impunité, le citoyen n'est ni libre ni tranquille, et qu'un prompt et exact châtiment des coupables forme la sureté publique.

Mais si, pour rechercher et punir le crime, les mains du juge sont trop libres; s'il peut oser beaucoup, et agir sans bornes; si la loi fournit au zèle aveugle ou à la méchanceté le moyen d'attenter, sous le voile de la justice, aux droits du citoyen, d'abuser du dépôt sacré du pouvoir public, il n'y a plus de sureté pour la liberté et l'innocence, divinités suprêmes que doivent surtout respecter les lois.

De même si des liens inutiles et trop multipliés enchaînent le zèle légitime d'un juge éclairé, l'impunité attaquera la sureté publique, premier et grand objet de la société.

La prompte et exacte punition des coupables d'un côté ;

La liberté civile de l'autre ;

Sont donc deux extrêmes contraires qu'il faut rapprocher autant qu'il est possible.

Un problême intéressant pour l'humanité, mais difficile à résoudre, c'est de trouver un juste milieu qui concilie ces deux extrêmes, de manière que l'un ne nuise pas à l'autre, mais qu'ils tendent tous deux à la même fin.

C'est-là le grand objet d'une procédure réglée, et le but de ces recherches.

CHAPITRE III.

Nécessité de la procédure.

CETTE suite, cet ordre d'actes judiciaires, cette marche, qui doivent diriger la conduite du juge, d'abord dans la recherche du délit et du coupable, ensuite lorsqu'il est question de prononcer un jugement sur l'un, et une condamnation contre l'autre ; voilà ce qu'on appelle procédure criminelle.

Dans les gouvernemens sages et modérés, les lois en ont toujours réglé la forme, prescrit la solennité. Gardiennes sévères des droits inviolables et sacrés du citoyen, elles ordonnent que personne ne soit puni, c'est - à - dire, ne soit dépouillé du moindre de ses droits, si ce n'est pour un délit légalement prouvé par une procédure régulière. Elles ne se contentent pas de la

conviction

conviction du juge, elles exigent que la preuve soit telle que tout homme raisonnable puisse être frappé de son évidence; qu'elle soit précise, stable, permanente; qu'elle consiste en monumens inaltérables. Elles veulent que la marche du juge soit circonscrite dans des bornes qu'il ne puisse franchir; que la procédure entière soit suivie dans les formes établies. C'est pour cela que non-seulement elles déterminent la peine pour chaque délit, mais qu'elles fixent encore la quantité et la qualité des preuves qu'elles exigent, l'ordre et la manière d'acquérir ces preuves, les cas où il y a lieu d'accorder à l'accusé le temps, les moyens de se défendre, enfin la forme dans laquelle tous les décrets doivent être prononcés jusqu'à la sentence définitive.

Il est vrai que les formes et la régularité dans la procédure retardent les jugemens; mais elles sont la sauve-garde de la liberté civile. *Qu'on ne dise donc pas* (pour me servir des expressions de l'illustre BLAKSTONE, dans son code des lois criminelles de l'Angleterre) que les formes arbitraires en justice sont plus promptes et par conséquent plus convenables. Il faudrait, sans doute, les préférer, si la justice n'en souffrait aucun préjudice. Mais nous ne devons jamais perdre de vue que les délais et autres légers inconvéniens, qui existent dans notre forme judiciaire, sont compensés dans les causes capitales chez toutes les nations libres par le prix de leur liberté.

Que le peuple ignorant crie tant qu'il voudra contre la lenteur qu'apporte dans les jugemens, la nécessité des formes ; qu'à ces lamentations populaires se joigne encore la voix des prétendus savans ; mais que le sage qui pense se garde bien d'adopter ces clameurs ; il proférerait une véritable hérésie politique.

La régularité dans la procédure est nécessaire à la conservation du plus précieux des droits civils, je veux dire la liberté. C'est un frein qui arrête l'arbitraire illimité du juge. Il l'empêche de faire impunément du glaive sacré de THÉMIS, confié à ses mains, l'instrument de ses passions criminelles. L'ordre et le temps ralentissent les effets violens de ces passions : exagérées dans leurs premiers mouvemens, le calme de la raison et de la réflexion les refroidit.

La régularité des actes judiciaires force le juge à suivre la voie droite. La moindre violation des formes fournirait une preuve de sa méchanceté ou de son ignorance. Le monument durable d'une procédure est une preuve permanente ou de sa justice ou de son iniquité. S'il a prévariqué, il ne peut échapper ni à l'infamie dont ses concitoyens le menacent, ni au châtiment que le souverain, gardien des lois, lui réserve.

A de telles vérités, de prétendus sages opposeront peut-être l'autorité de PLATON, qui pensait que les lois ne devaient pas entrer dans un trop grand détail sur les fonctions d'un juge, non plus que sur la marche qu'il doit tenir dans l'exercice de son ministère ; qui croyait qu'il était suffisant de choisir les meilleurs magistrats, et qu'alors il fallait remettre à leur sagesse toutes les dispositions propres à faire régner la vérité et la justice. Dans le dialogue neuvième de son traité *Des Lois*, il s'exprime en effet ainsi : *Lorsque les jugemens seront le mieux ordonnés qu'il sera possible, lorsque les juges seront bien institués, choisis avec grand soin, on passera avec raison beaucoup de choses sous silence, relativement aux peines et à l'état des condamnés.*

Paroles dont je conviens qu'on peut inférer que si PLATON ne condamnait pas précisément un réglement général dans l'ordre judiciaire, il n'approuvait pas du moins que les lois prescrivissent aux juges jusqu'aux moindres règles pour tous les cas.

Mais si ce grand philosophe eut une opinion contraire aux principes évidens que je viens d'établir, il faut considérer que souvent il appliqua à un monde physique, qui n'est que trop sujet au désordre, de belles idées qui ne convenaient qu'à un monde métaphysique.

Il arrive rarement que la vertu retienne l'homme, qui a la puissance en main , contre sa propension naturelle à en abuser. Elle est plutôt corrompue par un grand pouvoir , qu'elle n'est un frein pour lui. C'est donc avec raison que notre très-fin politique italien (*) a dit qu'*un sage législateur doit mettre un tel ordre dans ses villes , qu'en imposant aux citoyens. la nécessité de bien faire, il soient privés de la faculté de faire le mal, ou du moins ne puissent nuire que le moins qu'il sera possible.* Il ne doit pas perdre de vue avec quelle facilité l'homme se déprave et se départ des meilleures institutions.

Indépendamment de cette considération, il doit également avoir présent à l'esprit ce que nous avons dit ci-dessus:

(*) Machiavel.

B 3

que tout pouvoir, excepté celui des lois, est l'ennemi destructeur de la liberté ; que celle-ci est d'autant plus sure, que l'autre a moins de facultés pour nuire, parce que toute idée de pouvoir arbitraire gêne l'esprit, et enchaîne la volonté.

Il faut donc, pour mettre un juste frein à l'arbitraire des juges, que tout ce qui tient à la marche stable et régulière des jugemens, tout ce qui constitue la procédure, soit déterminément fixé par la loi.

CHAPITRE IV.

Les délais excessifs et les formalités donnent lieu à l'impunité.

Mais cette même procédure, garante de la liberté et de la sureté publique, peut aussi faire péricliter la tranquillité générale, soit parce que les crimes resteront impunis, soit parce qu'ils seront réprimés avec lenteur. D'un côté, les délais excessifs, les formalités inutiles et multipliées, retardent les jugemens, et fournissent au rusé coupable les facilités d'échapper à la condamnation : de l'autre côté, quand la loi exige beaucoup et de longues formalités, il est aisé d'en négliger quelques-unes : et voilà une nullité dans la procédure ; voilà une grande voie ouverte au coupable pour éluder la loi, pour se soustraire à la peine.

D'ailleurs, une longue suite d'actes réguliers demande aussi beaucoup de temps.

Ainsi, la punition ne sera jamais prompte ni immédiatement prononcée après le délit. Alors le fait, plus éloigné, ne frappe plus; l'énormité du délit s'efface de la mémoire. A l'horreur pour le crime, au respect tacite et intérieur pour la justice, à la crainte salutaire du châtiment, on voit succéder une certaine pitié pour le coupable, et une haine secrète pour le magistrat et pour la loi. La peine n'étant ni certaine ni prompte, les crimes se multiplieront, et la tranquillité générale sera troublée.

Il résulte, de ces objections, que le défaut de procédure, ou la surabondance de formalités, nuiront également à la liberté civile et à la tranquillité publique : c'est ce qu'on verra beaucoup plus clairement démontré dans le chapitre suivant.

CHAPITRE V.

De l'impunité ; de l'excessive rigueur, et de l'arbitraire des juges.

Une plus exacte analyse fera mieux connaître les extrêmes qu'il faut éviter dans la formation du réglement d'une procédure régulière ; elle fera trouver les moyens de les combiner ensemble, et procurera la solution du problème proposé.

La liberté ne pouvant être assurée qu'autant que la loi la protège, celle-ci doit d'abord empêcher que personne ne puisse, quand il le voudra, dépouiller un citoyen de ses droits : et pour cela, elle doit opposer de forts obstacles à cette volonté. C'est là particulièrement l'objet de la justice *préservative*, autrement dit, *de la police*. Mais si, surmontant ces obstacles, quelqu'un vient à employer la force, et à violer les droits d'autrui, la loi doit alors venger l'offensé et l'état. Cette vindicte publique est précisément *la peine*, dont le but est de réprimer l'impétuosité de la violence, et de garantir la sureté des citoyens. S'il en résulte la perte d'un droit, celui de la liberté privée, ce n'est qu'en compensation d'un droit violé, celui de la liberté publique. Par tout où les délits sont impunis, il règne toujours une licence effrénée. Alors le citoyen, comme nous l'avons déjà dit, y peut être impunément privé de ses droits, il n'y jouit pas de sa liberté, il n'y a pour lui ni sureté ni tranquillité. L'impunité détruit donc directement le principal objet de la société civile.

C'est pour cela qu'il faut que les lois pourvoient à ce qu'aucun coupable n'échappe à la peine qu'il a justement encourue. Elles doivent lui fermer toute voie de salut, et lui infliger immédiatement après son crime, tandis qu'il est encore présent à son esprit, le châtiment proportionné. Une peine prompte et certaine est la seule digue qu'il faille opposer au torrent des délits. La volonté de l'homme étant toujours déterminée par l'impulsion la plus puissante, la crainte d'un châtiment assuré et imminent balance le motif qui porte au crime. Si la moindre espérance d'impunité diminue aux yeux du coupable la valeur de la peine; si elle présente à son esprit incertain un moyen d'échapper à cette peine, soit par la difficulté de la preuve qu'un ténébreux mystère tient ensevelie, soit par l'irrégularité de la procédure, soit par la faveur des juges; la crainte du châtiment devient alors inefficace, et l'intérêt qui pousse au crime fait pencher la balance de son côté.

Mais en évitant l'écueil de l'impunité, on ne doit pas tomber dans un écueil opposé, je veux dire l'excès de rigueur. Un empressement précipité de punir le coupable, une rigueur excessive, un châtiment trop prompt, entraînent nécessairement de funestes effets. Lorsqu'une loi écrite en caractères de sang ne veut pas que la plus légère faute reste impunie; lorsqu'elle prescrit qu'un délit, que le hasard a quelquefois couvert des ombres du mystère, soit absolument traduit au grand jour de la justice; lorsqu'elle ne permet pas qu'il s'écoule un laps de temps raisonnable entre le crime et la peine ; alors il faut bien qu'elle confie au juge un pouvoir arbitraire et immodéré. Ce pouvoir, dans les mains d'un sévère *inquisiteur* (*), ne peut être assujetti aux règles d'une procédure régulière. La promptitude de l'exécution exclud la forme, et substitue à la procédure la volonté absolue de l'exécuteur. D'ailleurs, la recherche

(*) Quoique les mots *inquisiteur* et *inquisition* soient particulièrement réservés dans notre langue pour exprimer et ces ministres et ce tribunal, dont l'existence, toute chancelante qu'elle soit, et ne tenant plus qu'à un fil, fait encore rougir l'Europe, je n'ai point hésité à les employer dans cette traduction, conjointement avec les mots *enquêteur* et *enquête*, toutes les fois qu'ils m'ont paru rendre plus exactement l'idée de l'auteur.

rigoureuse d'un crime secret, qui ne peut se faire qu'au moyen d'un pouvoir illimité, entraîne presque toujours des actes indispensables de violence contre la liberté de l'innocent, d'attentat inévitable contre les droits du citoyen.

Dans un état où les choses subsisteraient ainsi, la liberté civile ne pourrait jamais prendre de profondes racines. Nous ne craindrons pas de le répéter; par tout où les droits civils peuvent être impunément offensés, par tout où il règne une puissance qui n'est pas celle des lois, puissance privée qui nous ôte, *de fait*, le libre exercice de notre volonté, ou du moins nous empêche d'en user, la sureté publique est tout-à-fait perdue.

Ainsi, on peut établir, pour principe constant, que la sureté de la liberté civile diminue à proportion que l'arbitraire des juges augmente. C'est une règle certaine pour apprécier le degré de liberté dont jouit chaque peuple. Heureux celui chez lequel la puissance des lois est sans bornes, le pouvoir des juges très-limité; chez lequel celui-ci n'est que le bras et la voix de la loi, ou plutôt la loi elle-meme animée et parlante, et rien de plus!

CHAPITRE VI.

Cours et périodes de la procédure criminelle, selon les différentes révolutions civiles.

Pour trouver la solution du problème intéressant que nous avons proposé, consultons l'Histoire. Censure vivante des siècles passés, elle est en même-temps une mine féconde de préceptes pour ceux qui leur succèdent. Ce n'est qu'en calculant les fautes de ceux qui nous ont précédés, que nous pourrons éviter les mêmes erreurs ; ce n'est qu'en observant leurs sages institutions que nous pourrons parvenir à bien régler les nôtres. Toute autre route nous égarerait infailliblement, et nous jetterait dans les vaines et fantastiques illusions du fanatisme.

Mais avant de tracer l'histoire particulière de notre procédure, donnons une légère esquisse de son histoire générale et politique chez toutes les nations, selon les diverses révolutions civiles.

La procédure suit le sort des nations dans leurs différentes périodes. Les Barbares n'en connaissent point du tout (1). C'est le fer à la main qu'ils vident leurs querelles. Le jugement de leurs contestations dépend de la volonté et de l'arbitraire d'un sénat, composé des chefs de la nation, et d'un roi qui est général pendant la guerre, juge et pontife pendant la paix. Leur procédure est verbale, sans aucune formalité, sans ordre. On y entend les témoins debout; l'on y rend la sentence définitive en plein air, et à l'instant même. Il n'y a aucune loi qui prescrive les règles de cette procédure (2). La raison chez ces nations, n'étant pas encore entièrement développée, les vérités, qui sont le produit du

______

(1) Voyez le second et le troisième de nos essais politiques.

(2) *Arbitria principum pro legibus erant.* Just.

calcul

calcul des rapports les plus éloignés, n'y sont comptées pour rien. Aussi aiment-elles une justice prompte et conforme à leurs vues bornées. Elles ne s'attachent qu'à la seule réalité du fait, et à la preuve naturelle; elles ne prévoient pas les funestes désordres qui doivent naturellement résulter d'un jugement prompt et despotique; elles ne sentent ni le rapport de la procédure avec la liberté, ni la nécessité d'une preuve légale, stable et fixe, parce qu'elles n'ont pas d'idées vraies et exactes de la liberté civile. Divisés en deux classes, les individus y sont ou esclaves ou maîtres absolus, et tous se disputent l'indépendance, à la pointe de l'épée, et au prix de leur propre sang, vivent dans l'agitation d'une guerre continuelle. On peut voir les preuves de cet horrible tableau dans nos essais politiques.

Quand une nation se civilise, quand de barbare elle devient policée, la raison se développe; un gouvernement modéré s'établit; les véritables idées de la liberté civile se fixent ; on reconnaît la nécessité d'une procédure régulière, les lois en dictent la forme, en établissent les utiles et indispensables formalités : celles-ci répriment l'arbitraire absolu du juge, ne laissent plus aucun lieu à l'impunité.

Mais comme il est dans la nature même des choses humaines que tout se corrompe peu-à-peu, l'état florissant d'une nation libre et cultivée se détériore insensiblement. Souvent la raison dans son essor devient sophistique et pointilleuse. La sensibilité trop exaltée, l'excessive délicatesse de sentiment, mènent à la faiblesse, et détruisent cette vertu mâle qui caractérise un bon citoyen, et qui est la force des empires. La perte de celle-là entraîne celle de la foi sociale. Alors l'intérêt personnel succède à l'amour du bien public, et la nation court à sa décadence (3);

____

(3) Voyez notre septième essai *.

* Cet essai, le dernier qu'ait publié l'auteur, présente un tableau aussi vrai qu'énergique de la décadence des nations.

alors les formalités de la procédure se multiplient, la solennité des jugemens augmente, et donne lieu à l'éloquence captieuse de déployer ses subtilités ; le juge s'en laisse séduire, et use arbitrairement de son pouvoir. Enfin la procédure devient une toile inextricable, un filet insidieux qui ne retient que les petits, que les pauvres citoyens, mais qui se rompt aux moindres efforts des grands et puissans coupables, qui savent s'en échapper.

Une nation corrompue qui, dans le cours ordinaire des révolutions civiles que nous avons amplement décrites dans nos essais politiques, déchoit de la culture, pour tomber dans le luxe, dans l'oisiveté et dans l'avilissement, passe sous le joug pesant du despotisme. C'est là l'époque dernière de l'anéantissement de la procédure. Les lois se taisent et s'oublient. La volonté du despote, et du petit nombre de ministres auxquels il communique son pouvoir, est l'unique règle qui dirige les peines et les jugemens. Dans un tel état, la liberté civile est éteinte, la procédure n'existe plus.

La corruption de la procédure est le plus souvent la cause des jugemens arbitraires. Les princes, lorsqu'on met sous leurs yeux le tableau fatal qu'offre chaque jour l'impunité, voyant les abus que les juges ordinaires font de cette même procédure, sont forcés d'évoquer les instances à eux et à leur conseil. Alors ils rendent, *de plano*, et sans les formalités usitées, des jugemens sur ces instances, selon l'équité et la justice naturelle *.

* Les évocations ont de tout temps, et chez tous les peuples, été regardées de mauvais oeil. Elles sont en effet, pour la plupart, contraires au bon ordre et à la justice. En France même où il y a des règles, des principes, des maximes consacrées par le temps dans les conseils du roi ; elles ont toujours été trop fréquentes et trop multipliées. Aussi, depuis PHILIPPE-LE-BEL n'y a-t-il presque point eu de règne qui n'ait vu éclore quelque loi pour obvier à cet abus. Voyez les ordonnances de 1302, 1344, 1351, 1355, 1357, 1389, 1408, 1499, 1529; l'ordonnance de Moulins, celle

C'est ainsi qu'à la suite des révolutions inévitables qui arrivent dans l'existence politique des peuples, les jugemens reviennent à leur état primitif. Si les nations sont sous le despotisme, telles qu'elles étaient à-peu-près dans leur première barbarie (4), il en est de même de la jurisprudence.

CONCLUONS.

Le défaut absolu de jugemens annonce des associations sauvages, ou tout au plus les premières institutions de villes barbares. Une forme grossière dans les jugemens dénote une société qui n'est pas encore cultivée. Une procédure réglée et légitime est le résultat d'une

---

de Blois, &c. Voyez les édits du mois de janvier 1597, du mois de mai 1616, &c. les déclarations du 31 juillet et du 22 octobre 1648, &c. les lettres-patentes du 11 janvier 1657, rendues sur arrêt concernant cette matière. &c. &c. &c.

(4) Voyez la distinction que nous avons faite, dans notre premier essai, chap. X. de la barbarie *d'origine* qui précède la culture des nations, de la barbarie de *décadence*.

C 3

aux yeux de tous. Tout le monde le lisait, jusqu'à ce qu'il fût effacé de ce tableau, ou par *l'abolition*, ou par *l'absolution*, ce qu'on appelait *eripere*, *eximere*, *subtrahere ex reis*.

Une fois inscrit sur les tables publiques, si l'accusé était absent, on l'assignait *per trinundinum*, c'est-à-dire, *par trois jours de marché*, qui se tenaient de neuf en neuf jours. Cette assignation (*citatio*) se faisait *per edictum*, en affichant dans le *forum* l'injonction qui lui était faite de comparaître. Soit qu'il se présentât dès le commencement, sur la simple réquisition de l'accusateur, à la première assignation que celui-ci lui donnait, comme nous l'avons dit; soit qu'il ne se présentât qu'après les trois interpellations ou assignations *per edictum*; la première fonction que le préteur avait à remplir était le choix des juges; il y procédait ordinairement en la forme suivante.

Chaque année on élisait d'abord trois, et ensuite jusqu'à cinq *décuries* de juges.

Leurs noms étaient renfermés dans une urne. Le préteur en tirait au sort le nombre prescrit par la loi. L'accusateur et l'accusé en récusaient autant qu'il leur plaisait. Alors on en tirait de nouveau, mais la récusation était toujours libre, tant qu'il pouvait se trouver le nombre prescrit par la loi pour le jugement dont il était question. *De cette manière*, comme le dit CICERON *pro* CLUENTIO, *les contendans n'étaient jugés que par ceux sur le choix desquels ils étaient d'accord.*

Dans certains cas les parties mêmes choisissaient leurs juges, mais sur le rôle des centuries *.

Après l'élection ou la récusation des juges, si le coupable ne proposait pas d'exceptions dilatoires, le premier acte

---

* Cette méthode, de diviser les juges en décuries et en centuries venait de l'usage où le peuple Romain était de se partager ainsi dans les assemblées du champ de Mars (appelées *comitia centuriata*) lorsqu'il s'agissait d'aller aux suffrages, soit pour l'élection de ces mêmes magistrats, soit pour l'établissement d'une loi, soit enfin sur tout ce qui pouvait intéresser la république.

judiciaire était l'interrogatoire *ex lege*. Voici en quoi consistait cet acte. L'accusateur proposait son *action* ou accusation. Le *questeur* * ou juge de la *question* interrogeait le coupable. Il lui demandait, par exemple, s'il avait enfreint la loi *Cornelia*, *Pompeia* ou autre, selon l'assertion de l'accusateur. Si l'accusé avouait, le jugement était terminé; son aveu le faisait regarder comme convaincu. Si au contraire il niait, on proposait des exceptions. Le procès s'entamait alors; on ouvrait le jugement; le combat légal commençait. L'accusé changeait d'habits, il prenait ceux des coupables; on lui donnait des avocats.

* On appelait *Quæsitores* les magistrats nommés par le peuple pour juger en son nom les *questions* qui leur étaient dévolues. *Quæsitores parricidii*, *Quæsitores adulterii*, *Quæsitores veneficiorum* &c. Souvent les préteurs réunissaient à leurs fonctions particulières celles de questeurs; ils étaient en même temps et *Prætores* et *Quæsitores*. Mais en général la place de préteur ne regardait que la juridiction, et celle de questeur embrassait la direction des jugemens publics. Voyez SIGONIUS, CICERON, &c. &c.

On

On assignait sur le champ un *terme* à l'accusateur et à l'accusé pour faire, l'un et l'autre, l'information, c'est-à-dire pour chercher et préparer la preuve qu'ils avaient à produire dans le jugement; comme dans notre procédure civile, après qu'on a signifié le *libelle* ou l'*ins-tance*, on accorde un *délai*.

Le délai ou terme accordé par la loi *Licinia*, et par la loi *Julia*, était au plus de trente jours, à l'expiration desquels l'accusateur et le coupable devaient se présenter au tribunal. Mais on le pro-longeait ou on le restreignait selon le besoin et les circonstances. Nous en trouvons de réduits à dix jours, comme il y en a eu de prolongés jusqu'à cent. (Ce dernier fut précisément accordé à CICERON, pour faire son information dans la Sicile contre VERRES.) Enfin, ils ont été quelquefois portés jusqu'à un an (8).

Pendant le cours du terme accordé,

(8) TACIT. Ann. 13.

D

l'accusateur et le coupable faisaient l'*inquisition* ou recherche de leurs preuves respectives. Ils cherchaient des témoins, ils se procuraient des *renseignemens*, des *attestations*, des *griefs* de plainte, des *plaintes* même * ; ils instruisaient enfin le procès. L'accusateur surtout faisait tout ce que font chez nous les *inquisiteurs* **.

.. L'accusation chez les Romains était une charge publique. L'accusateur était considéré comme homme d'état, comme magistrat de la patrie : distinction qui donnait lieu à d'autant plus de contestations, pour l'obtenir, que plus de gens ambitionnaient l'accusation même ***. Ces contestations étaient jugées dans

---

* Il n'y a ici dans le texte que le seul mot *elogi* ; j'ai cru devoir y substituer toutes les acceptions que nous présente l'*eglogium* des Latins en matière de jurisprudence criminelle.

** C'est-à-dire les juges commis pour l'information ou enquête.

*** Le droit d'accuser, la liberté d'accusation, fut long-temps chez la plupart des nations un des droits de cité.

L'opinion, qu'on ne pouvait refuser à un citoyen

un jugement préliminaire qu'on appelait *divinatio.*

L'accusé avait au surplus le droit de
mettre un *inspecteur*, un surveillant, un
garde auprès de l'accusateur, pour prévenir la subornation de témoins, et
toute fraude dans l'information. CECILIUS,
qui disputa à CICERON l'honneur de
l'accusation contre VERRES, voulait au
moins être mis en qualité de garde
auprès de cet orateur. Celui-ci, répon-
dant à son ordinaire par un mordant
sarcasme : ,, Combien de gardes ne me
,, faudrait-il pas pour mes caisses, s'écria-
,, t-il, si l'on mettait CECILIUS en cette
,, qualité auprès de ma personne ? ,, |

le droit d'en accuser un autre, passa des Égyptiens
aux Hébreux, des Grecs aux Romains. Les premiers
ne se contentèrent pas de permettre l'accusation, ils
en firent même une obligation expresse en certains
cas: Voyez DIODORE.

Il y avait cependant chez les Romains une exception
à la règle générale. On voit dans différentes lois du
Digeste, *de accusationibus*, qu'il y avait telles et telles
personnes auxquelles il n'était pas permis de former
une accusation, comme les esclaves, qui ne pouvaient
accuser personne; les femmes, les pupilles, &c. &c.

D 2

Lorsque le jour fixé pour l'accusation était arrivé, (on nommait ces jours-là *prædictæ dies*) le crieur public assignait, appelait et l'accusé et l'accusateur. Si le premier ne comparaissait pas, on le traitait en *contumax*, en saisissant d'abord ses biens, qui étaient ensuite confisqués au bout de l'année révolue.

Si c'était l'accusateur qui manquât de comparaître, il était puni selon ce qui est prescrit par le Sénatus - consulte *Turpilianus extra ordinem.*

Lorsque l'un et l'autre étaient présens, l'accusateur assisté de ses avocats proposait de nouveau l'accusation, et l'accusé se défendait.

L'accusation et la défense se faisaient de deux manières, ou pour mieux dire, avait deux parties : *L'altercation* et *l'oraison suivie.* La première consistait dans la *revue*, *l'examen*, *la vérification* des preuves (9). Chacun produisait ses

(9) Dans notre procédure militaire on conserve encore cet acte qui a lieu après l'information. Cette

témoins, ses renseignemens, les plaintes des communautés, interrogeait et réfutait les témoins de la partie adverse.

Le grand art des avocats était d'examiner leurs propres témoins, et ceux de la partie adverse. Les anciens rhéteurs, et surtout QUINTILIEN, ont donné beaucoup de préceptes sur cette matière alors très-intéressante.

Cet interrogatoire appelé *testium percunctatio*, avait pour objet de tirer de la bouche même des témoins opposés ce qui pouvait être favorable à sa propre cause. On employait tous les efforts, toutes les ressources de son esprit à les faire contredire par des questions captieuses, à les faire mentir, à les amener enfin, par de longs détours, à avouer, à leur honte, ce qu'ils avaient précédemment nié. On devait ensuite interroger ses propres témoins, de manière

procédure nous est venue des Espagnols qui ont été de tenaces conservateurs des anciens usages romains.

qu'on ne donnât pas prise à son adversaire, pour se prévaloir de leurs dépositions. Tout l'art sophistique des Grecs fut adopté par les Romains dans leurs jugemens. Ceux-ci employèrent au barreau les subtilités que ceux-là avaient déployées sous le portique.

Dans *l'oraison suivie*, qui formait l'autre partie de l'accusation, l'orateur, par les foudres de l'éloquence, affaiblissait le témoignage des témoins qu'il avait déjà confondus dans l'interrogatoire, et, en atténuant les preuves de ses adversaires, exagérait les siennes.

Plusieurs jours étaient destinés à la discussion de la cause. La première action, dans laquelle l'accusé ne parlait qu'après l'accusateur, était aussi le premier objet de cette discussion. Trois jours après celle-ci, avait lieu la seconde action, dans laquelle l'accusé parlait à son tour le premier. Cette action s'appelait *comperendinatio*, c'est-à-dire délai *in perendinum*. (*A après demain*). Si le second jour ne suffisait pas, on en accordait un troisième, un quatrième. C'est ce qu'on appela troisième et quatrième discussion (*tertia et quarta comperendinatio*): ce mot fut par la suite employé pour désigner la dernière action de la cause.

C'est dans cette dernière action que les juges prononçaient la sentence par laquelle ils absolvaient, condamnaient l'accusé, ou exprimaient leur incertitude par le *non liquet* *.

* C'est en écrivant seulement les lettres initiales A. (*absolvo*), C. (*condemno*), N. L. (*non liquet*) sur le billet qu'ils portaient dans l'urne, que les juges, après avoir cependant délibéré entr'eux (ce qu'on appelait *ire in concilium*), consignaient leurs suffrages. La liberté de récusation, le grand nombre de juges, la durée de leur exercice qui était très-bornée, obviaient au danger qui aurait pu résulter de ce secret dans les suffrages. D'ailleurs, les accusés pouvaient réclamer la publicité dans ces mêmes suffrages. C'est du moins ce qu'on peut conjecturer d'un passage de CICERON *pro* CLUENTIO. Voici ce passage : *Cum in concilium ire opportebat, quæsivit ab eo reo, C. JUNIUS quæsitor, clam an palam de se sententiam ferri vellet; de opiniaci sententia, responsum est, clam velle ferri.*

Dans ce dernier cas on prolongeait l'action et le jugement par *un plus amplement informé* de la cause; et alors la durée des nouveaux délais dépendait de la volonté du préteur, qui assignait le jour pour la discussion ultérieure du procès.

Tel fut l'état de la procédure romaine, jusqu'à ce qu'un nouveau gouvernement vint changer la face des jugemens.

Avant de voir quel fut ce changement, jetons un léger coup-d'oeil sur la procédure anglaise, qui de toutes les procédures de l'Europe ressemble le plus à l'ancienne procédure des Romains.

CHAPITRE VIII.

Procédure anglaise.

En Angleterre on amène d'abord le coupable, immédiatement après le délit, devant un juge appelé *juge de paix* *, lequel entend généralement l'accusation, les preuves et la première défense ou disculpation de l'accusé. Si ce juge reconnaît que l'accusé soit innocent,

---

(*) Les juges de paix sont des commissaires de quartier, dont les fonctions, comme leur nom l'indique, consistent à entretenir la paix, chacun dans le comté de son district. Ils sont tous nommés par le roi, et par une seule commission générale du grand sceau. On les appelle aussi tout simplement *justice*, justicier.

C'est sur un ordre (*Warrant*) signé d'eux qu'on saisit un accusé. Ce *Warrant* n'est qu'un simple commandement de se le faire amener. C'est plutôt un acte de police qu'un acte judiciaire. Ce n'est qu'à l'*emprisonnement*, ou au *renvoi sur caution de se représenter*, que commence réellement la procédure. DE LOLME, *Constitution de l'Angleterre*.

il le renvoie libre. Mais s'il trouve qu'il y ait contre lui de fortes présomptions, il le fait emprisonner, quand toutefois le délit dont il est accusé est de nature à encourir une peine capitale *. S'il n'est pas de cette espèce, il relâche l'accusé sur caution. (C'est ce que nous appelons *consigner*). Et cela en vertu de la fameuse loi *Habeas corpus*, loi qui est le soutien et la base de la liberté britannique **.

Après l'*emprisonnement* ou la *consignation* de l'accusé, on donne à la cour,

---

* Il reste en prison jusqu'aux sessions les plus prochaines. C'est dans ces sessions qu'il subit son interrogatoire et son jugement. Il s'en tient tous les trois mois dans les comtés, et à Londres toutes les six semaines.

** Cette loi d'*Habeas corpus*, loi si fameuse et si justement vantée, les Anglais en ont trouvé le modèle dans le code des Romains, et dans ceux de toutes ces nations barbares qui adoptèrent leur système des cautionnemens (*fidei-jussiones*). Voyez l. 3. *D. de custodia et exhibitione reorum.* Voyez le code des Visigots et autres. Voyez les capitulaires de CHARLEMAGNE, de LOUIS LE DÉBONNAIRE, &c. Les constitutions de Sicile, &c.

composée des ministres du roi, un état des jurés, parmi lesquels on en choisit douze. Ces derniers se nomment grands jurés. (*Grand jury.*) Ils doivent être choisis parmi tous ceux qui vivent noblement dans le pays, et dont la probité est la plus reconnue *. Un officier de la cour remplit les fonctions d'accusateur. Les grands jurés examinent si l'accusation est régulière, c'est-à-dire selon les lois. Ils entendent les témoins, discutent les preuves. S'ils jugent la première irrégulière, ou les secondes insuffisantes, ils déclarent nul le *bill* d'accusation **, et le prisonnier est relâché.

* L'assemblée des grands jurés doit être composée de plus de douze, et de moins de vingt-quatre. DE LOLME, *Constitution de l'Angleterre.*

** Le mot *bill*, particulièrement consacré à exprimer en Angleterre les projets d'actes ou de lois proposés en parlement, les actes mêmes du parlement, s'emploie d'ailleurs sous plusieurs autres acceptions. Il signifie toutes sortes d'actes publics ou privés : Un *bill* pour dette (une obligation) un *bill* sous seing-privé, un *bill* de plainte, un *bill* d'accusation, &c. &c.

Quand au contraire ils trouvent l'accusation suffisante et vraie, le prisonnier doit recevoir copie du *libelle* accusatoire, et la liste des témoins. Ensuite il est amené à la barre du tribunal; il y est interrogé sur le délit qui lui est imputé. S'il avoue, on l'avertit de rétracter son aveu. Mais s'il nie, le jugement commence, et il fait sa défense. Alors il est remis à la juridiction des petits jurés (*Petty jury*) qui sont ses pairs.

Ceux - ci sont également choisis au nombre de douze dans le comté où le délit a été commis. Il faut pour être élu avoir au moins dix livres sterling de revenu en fonds de terre *. Le *shérif*, qui est le chef du comté **, en présente quarante-huit à l'accusé, qui peut les récuser de deux manières ; savoir, ou

---

* Il y a ici dans le texte *cent livres sterling de revenu*; c'est surement une méprise de l'auteur ; j'ai DE LOLME sous les yeux, et j'y trouve *dix livres sterling*.

** C'est-à-dire, qui préside à l'administration de la justice dans le comté.

selon la nôtre, que nous exposerons amplement dans la suite de cet ouvrage, ou selon la liberté accordée en pareil cas chez les Romains.

Si l'accusé démontre que le shérif lui-même ne peut être impartial, parcequ'il est parent ou ami intime de l'accusateur, les quarante-huit jurés deviennent tous suspects, et l'on peut en rejeter la liste entière, (tout le *Pannel*). Les Anglais appellent cette récusation *to the array* *.

L'accusé peut en outre récuser particulièrement un juré, soit *propter honoris respectum*, s'il n'est pas son pair ; soit *propter delictum*, s'il a jamais été condamné pour quelque délit capital ; soit *propter defectum*, s'il n'a pas le revenu réglé par la loi, ou s'il est étranger ** ;

---

* *To the array a pannel*, ou *to empannel*, veulent dire *arranger* ou *former le tableau des jurés, se choisir des juges.*

** Ce n'est que lorsque l'accusé est lui-même étranger, qu'il doit y en avoir parmi les *jurés* qui lui sont donnés pour juges ; et alors il faut que la moitié du *pannel* en soit composée. C'est ce qu'on soit enfin *propter affectum*, s'il est prouvé qu'il soit animé par quelque motif de haine ou de faveur. Cette récusation s'appelle *to the poll* (*in capita*) *.

Par une autre forme de récusation, usitée aussi chez les Anglais, ils ont la liberté de rejeter vingt des *jurés* dont il est question, sans en donner aucune raison. On l'appelle *perentoria*.

Mais comme ces différentes récusations diminuent le nombre de juges exigé, il en est substitué dix autres par le shérif **.

Après la récusation on fixe un jour

appelle *JURY de medietate linguae*. DE LOLME, *constitution de l'Angleterre*.

* Ainsi la récusation *to the array* concerne le *pannel*, il s'agit de le rejeter tout entier; et la récusation *to the poll* regarde les individus, elle est dirigée contre les jurés du *pannel* pris séparément. CE LOLME. On dit en anglais, *poll-tax*, ou *poll-money*, capitation, taxe ou imposition par tête.

** Lorsque le *pannel* est épuisé par les récusations, le shérif par une ordonnance (*a Writ*) en nomme huit ou dix autres, *decem ou octo tales:* et on les appelle les *tales*. Id.

pour la discussion de la cause, et les *petits jurés* prêtent serment. Le conseil du roi accuse et met en évidence la preuve du délit. L'avocat de l'accusé y oppose celle de l'innocence. Après la discussion, les *petits jurés* prononcent, *coupable* (*guilty*) ou *non coupable*, (*not guilty*) il est criminel, ou il est innocent *.

S'il est déclaré coupable par douze des petits jurés, la cour des ministres du roi prononce la sentence, et la fait exécuter.

Ainsi l'on voit qu'en Angleterre les

* Ce prononcé du jugement des *jurés* est ce qu'on appelle le *verdict*. Les Anglais ont en jurisprudence, comme dans tous les arts, consacré un mot propre et distinct pour chaque chose différente. Chaque pas judiciaire, tout acte de police, de juridiction ou de puissance, a son expression caractéristique, qu'on ne peut confondre, dont on ne peut abuser, que personne ne peut ignorer. C'est surtout dans l'institution de sa procédure qu'on reconnaît tout le prix que ce peuple attache à la *liberté civile*, et toute la prévoyance de la constitution nationale pour la protéger et la conserver pure et intacte, cette précieuse liberté.

ministres du roi ont seuls *la poursuite des délits, l'infliction de la peine,* et *l'exécution des jugemens* ; que *la connaissance de la régularité* appartient *aux grands jurés* ; que *la recherche de la preuve et l'examen de sa validité* est du ressort des *petits jurés* ; qu'enfin *les témoins sont également présentés par les ministres et par l'accusé* (1).

Il y a une petite différence dans le jugement des pairs du royaume ; mais elle n'altère pas la substance du jugement, qui a lieu ou dans le parlement, ou dans la cour du lord maire : c'est qu'il faut que tous les jurés soient d'accord pour la condamnation d'un pair*.

_____

(1) Dans un tel système, l'oppression est impossible, parce qu'il est impossible aussi que *le juge de paix*, les *grands*, les *petits jurés* et les *ministres du roi* concourent tous au même but criminel.

* Il en est de même pour toutes sortes d'accusés. Toutes les fois qu'il s'agit de prononcer une condamnation contre un coupable, il faut l'unanimité des voix. Les jurés ne peuvent pas désemparer la chambre de leur tribunal, qu'ils ne se soient réunis à cette unanimité. L'opposition d'un seul empêche le jugement.

Telle

Telle est en Angleterre la forme des jugemens.

Il y a encore, il est vrai, d'autres espèces d'actes juridiques, tels que *l'information* faite à la réquisition du roi par ses officiers, et dans laquelle il n'y a que les petits jurés qui interviennent; *l'appel* qui est un jugement dans lequel on procède sur la requête ou instance d'un particulier; la *procédure sommaire* qui a lieu dans les petits délits. Mais la procédure que nous venons d'exposer est la procédure régulière et ordinaire.

E

CHAPITRE IX.

Procédure romaine sous les empereurs.

APRÈS avoir décrit l'ancienne procédure des Romains, et celle des Anglais, qui en diffère peu, passons à l'examen des changemens qu'à éprouvés la première sous les empereurs; suivons ses révolutions successives jusqu'à nos jours; après quoi nous parlerons de la procédure *inquisitoire* qui existe aujourd'hui, et qui est commune à presque toute l'Europe.

A la décadence de la république, on changea de système, non - seulement quant à la forme des jugemens, mais encore quant à l'attribution de la connaissance des délits. A Rome ce fut au préfet de la cité (1), et au préfet du

____

(1) L. 1. *De off. praefect. Urb.* JUVEN. *Sat. XIII.* PLIN. JUN. *l. 11. ep. 2. L. . . . D. de off. praefect. praet.*

prétoire que cette connaissance fut dévolue. Dans les provinces elle fut confiée aux présidens et aux proconsuls (2). Ces juges administrèrent la justice, seuls et par eux-mêmes, se prévalant au besoin, ou selon leur caprice, des conséils des jurisconsultes. Ils furent irrécusables comme le préteur l'était, même du temps de la république ; parce que les Romains ne pensaient pas qu'il convînt à l'honneur de la magistrature que ceux qui tenaient leur juridiction de la loi, pussent être récusés par un particulier. La faculté qu'on avait de récuser les juges *du fait* *, juges choisis par le préteur, n'était point contradictoire à cette

(2) L. 3. 4. 6. **D.** *de off. praesid.* **L.** 9. **D.** *de off. proc.*

* Ces juges devaient décider de la certitude, du genre, de la nature du fait; et alors ils prononçaient leur jugement purement et simplement, sans aucun autre examen de discussion, par les initiales des mots *absolvo*, *condemno*, ou *non liquet*. C'est probablement d'après cette institution des Romains que les Anglais ont formé celle de leurs *jurés*.

opinion, puisque ces derniers n'avaient effectivement ni puissance ni juridiction. On ne pouvait donc décliner la juridiction ni des préfets de la ville, ni des présidens des provinces, comme suspects.

À ce changement dans l'ancienne forme des jugemens s'en joignirent d'autres.

D'abord la procédure *inquisitoire* commença à avoir lieu. On avait bien vu, il est vrai, des exemples de cette sorte de procédure, même dans les plus beaux jours de la république; mais ce ne fut jamais qu'en matière de crimes d'état, relativement auxquels il faut nécessairement procéder d'une manière particulière et secrète, sans qu'il soit besoin d'accusateurs, et sans que les coupables en aient la moindre connaissance.

Dans la conjuration de CATILINA, CICÉRON procéda *inquisitoirement* contre les conjurés. Il reçut d'abord secrétement la dénonciation; il fit ensuite une enquête contre ceux qui étaient

suspectés; il prit les dépositions des perfi-
des ambassadeurs ; il acquit la preuve;
il se munit de lettres qui contenaient
des renseignemens précis sur la conjuration ; il recueillit les indices ; enfin,
il procéda à l'emprisonnement des coupables. Cette conduite lui attira les
reproches de CESAR, et le fit exiler de sa
patrie. Dans une pareille circonstance,
où la république naissante était également menacée, le consul BRUTUS tint
une semblable conduite.

C'est surtout sous le règne de ces princes,
qui se signalèrent par le plus de cruauté,
que le soupçon et la crainte des conjurations croissant successivement, le
système *inquisitoire* prit une nouvelle
vigueur. L'Histoire des empereurs nous
en fournit plusieurs exemples, et des
preuves évidentes.

Une erreur populaire, soutenue par
THOMASIUS (3), fait croire à plusieurs
personnes que c'est au droit canonique

_____

(3) *De origine proces. inquis.*

E 3

qu'on doit rapporter l'origine de cette espèce de procédure. Mais, quand il serait vrai que le droit canonique eût provoqué ou propagé ce système, il n'en est pas moins certain que son introduction est aussi antérieure à celle de ce droit, que la politique tyrannique et soupçonneuse des empereurs l'est à celle des ecclésiastiques.

Mais la défiance de ces empereurs, qui craignaient d'autant plus les conjurations secrètes qu'ils s'estimaient moins dignes de l'amour des peuples, n'a pas seule donné naissance à la procédure *inquisitoire*; elle prit encore sa source dans la perte du zèle et de l'amour du bien public, perte qui suivit celle de la liberté.

Lors de la liberté de la république, le zèle dont le citoyen était animé pour le bien général, l'engageait à se porter accusateur, dès que l'intérêt commun l'exigeait. L'accusation alors était la chose publique. Sous les empereurs, elle se changea en intérêt personnel; elle devint dénonciation odieuse. Permise à tout le monde, elle fut l'instrument de la tyrannie. A l'amour du bien public succéda l'ambition de servir celui qui disposait de tout, qui pouvait, par la proscription des citoyens attachés à l'ancien ordre, assurer la tranquillité du trône, et enrichir le trésor de la dépouille des riches.

Quand l'empire était dans la main du peuple, les calomniateurs n'étaient pas provoqués à la dénonciation par le gouvernement. Le peuple n'était pas agité de la même crainte que les tyrans. Il ne cherchait pas à se défaire par une calomnie cachée des citoyens suspects. Mais ceux qui changèrent la constitution de l'état, ne pouvant pas toujours user ouvertement de violence, eurent recours à la calomnie. Ils suscitèrent l'espèce infâme des dénonciateurs. Ils abolirent entièrement tous les principes de justice ; et l'accusation publique tomba en desuétude. Il fallut bien alors, pour que les crimes, qui ne s'étaient pas peu multipliés sous l'extension de l'esclavage, ne restassent pas impunis, que les lois chargeassent les magistrats de la recherche des délits cachés. C'est par cette raison que le soin de l'*inquisition générale* des coupables fut remis aux présidens des provinces. Chacun d'eux devait dans la sienne faire faire une enquête juridique des délits graves, et des fameux criminels qui en troublaient la paix (4).

C'est encore ce qui donna naissance aux offices de magistrats appelés *irénarchi, curiosi, stationarii**, inquisiteurs

___

(4) *Convenit bono et gravi praesidi curare, ut pacata et quieta provincia sit, quam regit; quod non difficile obtinebit, si sollicite agat, ut malis hominibus provincia careat, eosque conquirat; nam et sacrilegos, latrones, plagiarios, fures conquirere debet, et prout quisquis deliquerit, in eum animadvertere.* ULPIANUS *leg.* 13. D. *de off. praes.* Voyez encore la loi IV. D. *ad leg. jud. peculatus.*

* Le ministère de ces magistrats subalternes consistait à rechercher les auteurs des délits contre lesquels il ne se présentait pas d'accusateurs, à remettre ensuite aux juges ou tribunaux compétens, et les

publics dont les présidens se servaient pour l'enquête des délits. Comme ils ne pouvaient parcourir perpétuellement eux-mêmes la province dont l'administration leur était confiée, il fallut bien établir ces sortes de ministres pour faire *l'inquisition* ordonnée par la loi.

Ceux-ci prenaient une information secrète d'après laquelle ils faisaient arrêter les coupables, et les interrogeaient sur les délits commis. Ensuite ils les remettaient entre les mains des présidens des provinces avec leur procès-verbal, le récit du fait, les actes de notoriété, la dénonciation proprement dite la plainte, (*elogium*) * ce que nous pouvons comparer à ce qu'on appelle *diligences* dans notre procédure. Le

coupables qu'il avaient trouvés, et les informations qu'ils avaient faites, et les motifs de leurs conjectures. Ils étaient accusateurs d'*office* dans les procédures extraordinaires. *L.* 1. *cod. de curiosis et stationariis.*

* C'est ce qu'on appelait dans la jurisprudence latine *relationes*, *notoria*, *nunciationes*, *elogia*.

président entendait de nouveau les témoins et les accusés, en présence des *irénarques*, qui devaient alors se porter pour accusateurs (5).

La *plainte*, ou les *diligences* faites par les *curiosi* et les *irénarchi*, n'avaient donc d'autre effet que celui de faire arrêter le coupable ; car pour le jugement il se commençait *ab ovo* pardevant le président.

Quant à l'obligation où étaient les *irénarques* de se porter pour accusateurs ; elle ne leur fut spécialement imposée que jusqu'au temps où on leur associa l'avocat du fisc, qui dut sa première institution à ADRIEN. Quoique les principales fonctions de cet officier eussent pour objet d'engraisser le trésor des amendes et des confiscations de biens, qui avant JUSTINIEN étaient presque les seules peines capitales qu'on prononçât, il fut encore chargé de l'accusation des délits publics.

(5) *L.* 7, *C, de accusationibus. L.* 6. *D. de custodia et exhibitione reorum. L.* 1, *C. curiosi et stationarii.*

Ce furent là les altérations qu'éprouva sous les empereurs la marche des jugemens criminels. Tout le reste se traitait d'ailleurs de la même manière que du temps de la république. La procédure *inquisitoire* marchait d'un pas égal avec la procédure *accusatoire*. Après l'interrogatoire fait par le président, lorsque le procès était entamé, ce qui arrivait par la dénégation de l'accusé, on entendait, *en présence des deux parties*, les témoins respectivement produits par elles. On ne connaissait pas encore dans ces temps là, tout déplorables qu'ils fussent, l'abus fatal à l'innocence et à la vérité, d'entendre les témoins *en l'absence de l'accusé*. (Nous indiquerons en son lieu l'époque funeste de l'introduction de ce système erroné et cruel.) Les lois impériales démontrent, à l'évidence, que la féroce ignorance n'avait pas encore changé l'ancien usage où l'on était d'instruire la procédure *sans employer le voile mystérieux du secret*. L'accusé et ses avocats devaient être *présens* à l'*interrogatoire des serviteurs* ; ils avaient même la *faculté* de les interroger (6). Aussi JUSTINIEN ordonna-t-il expressément *que les témoins fussent interrogés en présence des deux parties*, afin qu'elles connussent clairement les dépositions et les charges. Les procureurs des parties contendantes devaient payer de leur personne, lorsqu'il s'agissait de recevoir des dépositions de témoins éloignés du lieu où devait se traiter le jugement (7).

La seule altération que je trouve ici dans la forme des jugemens, est une certaine restriction plus sévère, imposée aux accusés et à leurs avocats relativement à la demande de témoins. Des juges qui représentaient la personne du souverain, et qu'on ne pouvait récuser, durent nécessairement refréner la liberté des plaideurs à cet égard ; surtout lorsque

(6) L. 27. D. *ad leg.* IUL. *de adult.* §. *Quaestioni interesse.*

(7) L. 16. *e poen.* C. *de test.* C. 18. L. *de fide instr. novell.* 90. C. *ult.*

les nouveaux jugemens ne se tinrent plus comme autrefois dans la place publique, à la vue d'un peuple licencieux, mais à huis clos, dans une imposante solitude (8).

Tels sont les changemens qui, sous les empereurs, se succédèrent dans les jugemens publics. Voyons à présent ce que fut la procédure après la décadence de l'empire romain.

(8) Tacit. *de caus. corrup. eloquentiae.*

CHAPITRE X.

Procédure, dans les temps barbares.

LES provinces romaines, avilies par la servitude, opprimées par la pauvreté (suite de la ruine de l'agriculture et des arts) autant que par le poids des impôts exorbitans qui servaient à nourrir le luxe insensé d'une cour effrénée, étaient devenues la proie de toutes ces nations barbares, qui des forêts du nord vinrent, comme un torrent, fondre sur elles. Leur milice n'avait pu résister à l'impétuosité de ces féroces conquérans, parce qu'avec la discipline militaire, elle avait perdu son antique valeur. Alors les plus belles régions devinrent désertes ; les lumières, les sciences, les arts, les lois, la forme des jugemens, furent bientôt presqu'entièrement oubliés ; et du sein du gouvernement militaire sortit le système féodal, qui, tel qu'un nuage épais, enveloppa l'Europe, et la couvrit de la nuit de l'ignorance, et du déluge de maux que le cours des siècles a depuis propagés et répandus.

Quel put être la procédure dans ces temps malheureux ? La volonté sacrée des lois se taisait, et le droit féroce de l'épée terminait tous les différends.

Le duel, le serment, l'eau bouillante, le fer chaud, et les autres épreuves qu'on appelait divines, étaient alors les preuves adoptées dans le cours des jugemens. Le barreau ne retentissait plus de l'éloquence des TULLIUS. Le sort des armes entraînait, en champ clos, la conviction. Au lieu d'un SCEVOLA et d'un PAPINIANUS *, un féroce champion, teint du sang de l'ennemi qu'il venait d'immoler, décidait, chez ces peuples ignorans, des contestations (1).

* Célèbres jurisconsultes.

(1) Voyez le troisième essai politique. Qui le croirait? tandis que PONTANO, et ses doctes

Mais au milieu de ces erreurs, il resta toujours une ombre de l'ancienne procédure judiciaire. La preuve testimoniale eut encore lieu : ce qui prouve que la mémoire des lois romaines ne fut jamais tout-à-fait perdue. On en conserva au moins l'idée, comme d'une coutume antérieure, surtout parmi les ecclésiastiques qui furent les plus tenaces conservateurs des anciens usages. D'ailleurs les Lombards accordèrent aux peuples vaincus la liberté de vivre ou selon leur droit, ou selon celui des Romains : les Francs et les autres Barbares en firent de même ; de manière

compagnons, faisaient retentir les belles contrées du Sebeto * de vers dignes du siècle d'AUGUSTE, le barbare usage du duel judiciaire n'était pas entièrement éteint parmi nous. Dans la procédure contre les barons rebelles, faite par ordre de FERDINAND I, roi d'Arragon, ROGER CONZA, l'un des témoins, défia SALVATOR ZUROLO, qui, dans la confrontation, lui niait ce qu'il lui avait dit un jour sur la venue du duc de Lorraine.

* Rivière du royaume de Naples, souvent célébrée par les poëtes du pays.

que

que parmi les nations qui vivaient selon le droit romain, on conserva une légère image des anciens jugemens.

D'un autre côté les Barbares une fois établis dans leurs conquêtes, les nouvelles sociétés recevant de jour en jour une forme plus régulière, les dynastes et les barons commencèrent à juger leurs vassaux, et à restreindre l'usage des combats. Aussi retrouvons-nous déjà sous les Lombards un système de jugemens. Nous ne parlerons pas des Goths, puisqu'ils ne changèrent presque rien dans le système des Romains.

Sous les Lombards, la procédure fut toute militaire, l'accusation publique, et l'action purement verbale.

Si le coupable assigné (*citatus*) par le juge, *per bannum*, n'avait aucun empêchement légitime à opposer, il était obligé de comparaître pardevant lui avec l'accusateur (2). Ensuite celui-ci demandait la permission d'établir son

____

(2) *Longobardar. leg. lib. 2. tit. 44.*

F

accusation, et il le faisait à haute voix (3). Le coupable répondait. Soit qu'il niât, soit qu'il proposât une exception quelconque, l'action était engagée (4). On entendait *alors comme alors* les témoins, l'accusation et les défenses. Un officier public, appelé *notaire*, tenait seulement registre des propositions, des réponses, du *dire* des témoins, et de la sentence. Dans le jour, au plus, le procès était terminé. C'était là toute la procédure.

Lorsqu'on manquait de témoins, on était dans la nécessité de recourir aux jugemens divins.

Si ce premier juge n'avait pas terminé la cause en quatre jours, il était obligé de remettre l'accusé à celui du district, c'est-à-dire, au comte ou au châtelain qui devait absolument donner fin à la procédure en six jours (5).

(3) Heinec. *juris. germ. lib.* 3. *tit* 4. *leg. Longobardar.*
(4) *Leg. Longobardar. lib.* 2. *tit.* 21.
(5) *Longobardar. leg. lib.* 2. *tit.* 1. Voyez les différens *Placites* des Lombards et des Francs dans Muratori

La procédure dont on usait parmi ceux qui vivaient selon les coutumes romaines, ne dut pas différer beaucoup de cette marche simple et expéditive. A Rome, où l'on conserva long-temps une école de droit civil, les ecclésiastiques gardèrent le souvenir le plus constant des formalités des jugemens. Quoique le code Théodosien, et le formulaire (*Breviarium*) d'ALARIC fussent disparus même de cette ville, les prêtres conservèrent précieusement les formes du droit romain (6).

Mais lorsqu'on eut r'ouvert à Ravennes, vers le milieu du dixième siècle, une école de droit civil, les papes commencèrent à remettre en vigueur les lois romaines, qu'ils retirèrent également du code de JUSTINIEN, et de celui de THÉODOSE, où elles étaient restées en dépôt. En rappelant au milieu de

---

Antiquité du moyen âge, et surtout dans la **Dissertation** de *Placitis*.

(6) BALDUINUS *in prologom. ad institut.*

l'ignorance et de la barbarie la régularité des jugemens, et les maximes de l'équité naturelle ; en s'opposant aux duels judiciaires, ils s'élevèrent à ce faîte de grandeur dont les têtes couronnées étaient encore bien éloignées.

Nous verrons par la suite combien coûta cher aux peuples ce bienfait des ecclésiastiques.

CHAPITRE XI.

Procédure sous les Normands et les Suèves (*).

Lorsque roger, d'une main puissante, eût formé de tant de petites dynasties le corps de ce beau royaume dont il était le créateur; lorsque son épée victorieuse eut détruit cette servitude privée et tyrannique sous laquelle gémissaient les Normands, leur système légal et judiciaire prit une plus ferme consistance ; mais il ne différa pas beaucoup de celui des Lombards. La procédure était simple, expéditive,

---

* Suevi, la Suevia ; c'est ainsi que les Italiens appelaient et appellent encore la Souabe et ses habitans : e Suevis orti sunt Allemani, &c. e presso l'Istro e'l Reno cioche i prischi Suevi ei reti avieno : LE TASSE, Jérus. délîv. Ce sont ces peuples que LUCRÈCE appelait ab extremo flavos aquilone Suevos.

militaire, et sans aucune des formalités nécessaires, introduites par les Romains.

Les chartes de ces temps-là en fournissent une preuve évidente.

CAMILLE PELLEGRINO, dans son Histoire des princes lombards, rapporte deux jugemens, c'est-à-dire, deux *libelles* de jugemens, qui contiennent, suivant la coutume d'alors, l'abrégé de la procédure, dont voici toutes les formes. On produisait les actes et les témoins dans le jugement. On examinait ceux-là dans l'instant même; l'on entendait ceux-ci debout et sur le champ; après quoi on prononçait immédiatement la sentence, que, pour la sureté du vainqueur, le *notaire* enregistrait avec tout ce qui avait trait à l'affaire, faits, actions, actes ou paroles. Une seule page équivalait à nos volumes.

Deux diplomes manuscrits, conservés dans les archives de la Trinité *de la Cava* *, attestent que les Normands

* L'auteur de cet ouvrage a eu communication de ces deux diplomes. Il en est redevable à l'intime

avaient adopté cette forme de procédure expéditive, et pour ainsi dire verbale (1).

Il est vrai que la plupart de ces jugemens furent des jugemens civils, quoiqu'il s'agît dans quelques-uns de violences et de rapines.

Mais nous avons aussi un exemple d'un jugement criminel du temps de l'empereur FRÉDÉRIC II, jugement qui nous a également été conservé dans un diplome de ce prince *.

amitié de M. BAFFI, qui réunit, dit-il, à la plus vaste érudition en littérature grecque, les plus intéressantes connaissances en diplomatique.

(1) Il faut remarquer que dans les jugemens dont il vient d'être question, les barons, les officiers militaires et les hommes *probes*, siégeaient avec les juges, comme du temps des Romains; les *Juris-periti* assistaient les présidens des provinces. Ceci confirme ce que nous avons dit ailleurs que les barons rendaient eux-mêmes la justice dans les temps de Barbarie, et qu'une si noble fonction résida dans le corps *aristocratique* jusqu'à ce que les rois devinssent souverains absolus. On voit encore par ces mêmes jugemens que, dans le doute, on avait recours au duel.

* On trouvera imprimée, à la suite de cette traduction, une copie de ce diplome. M. PAGANO

Ce diplome renferme en entier une sentence rendue par la grande cour, séant à Melfe, et présidée alors par le grand justicier HENRI MORRA, au sujet de l'homicide d'un certain GUIL-LAUME LIMATA. Elle fut prononcée dans le mois d'août 1231, époque où les constitutions de FRÉDÉRIC n'étaient pas encore promulguées, quoiqu'elles fussent rédigées, comme il est dit dans le prononcé même du jugement. Il résulte de l'examen de cette sentence, et cela y est même positivement exprimé, que l'on procéda dans l'affaire sur laquelle elle intervint, autant selon les lois lombardiennes, que selon les coutumes alors en vigueur. Or, ces coutumes tiraient leur origine des lois des

consacre ici à M. DANIEL, qui la lui a procurée, un témoignage public de sa reconnaissance. Voici comme il s'exprime à son sujet : „ Littérateur aima-
„ ble autant que savant profond, il est bien éloigné
„ de se livrer à la basse envie des petites ames. Il
„ se fait au contraire un mérite de contribuer au
„ progrès des lettres, et à l'avantage des produc-
„ tions des autres. „

Romains, ou du système de leur jurisprudence, pour lequel on avait une certaine vénération, surtout relativement au droit canonique, qui en dérivait immédiatement, et qui l'avait pris pour base de la monarchie pontificale.

On retrouve dans ce jugement l'ordre de la procédure *inquisitoire* qu'on suivait alors. Après l'accusation, l'avocat de la *grande cour* était chargé de procéder à l'information. Il faisait cette enquête en personne; après quoi il *citait* (assignait) le coupable, et transmettait le procès à la grande cour. Si le coupable ne comparaissait pas, ce tribunal suprême rendait contre lui, comme *contumax*, une sentence, portant confiscation de ses biens, et même perte de sa personne, c'est-à-dire, peine de mort; car, au mépris du droit romain, on décernait déjà dans ces temps-là la peine de mort contre les contumaxs.

Le rôle que faisait en cette occasion l'avocat de la grande cour, équivalait à celui d'accusateur : cela est évident.

Mais ce qui nous paraît digne d'observation, c'est qu'on n'ordonnât pas l'emprisonnement du coupable, et qu'après s'être borné à l'assigner seulement, on le condamnât, comme contumax, avec tant de sévérité.

Telle a été la procédure dans les jugemens capitaux sous les Normands. L'on voit que, toute expéditive et simple qu'elle fût, l'enquête était cependant déjà en usage dès le commencement du règne de FRÉDÉRIC II.

Mais ce même empereur, voulant affermir par des lois une monarchie qui devait ses premiers fondemens à l'épée de ROGER, tourna toutes ses vues vers cet objet. Il promulgua une législation complète; il donna une nouvelle forme aux jugemens.

Comme il avait, pour les plus légers délits, remis en vigueur l'ancienne procédure *accusatoire*, il établit, pour les crimes graves, la plus rigide *inquisition* (enquête.) Mais ce ne fut pas dans la même forme dont on en usa sous les empereurs romains. En effet, l'enquête ordonnée par ces princes n'eut d'autre objet, comme nous l'avons démontré, que de suppléer au défaut d'accusateurs; elle ne produisit d'autre désordre que l'incarcération du citoyen, sur la simple information *inquisitoire* : mais elle n'altéra jamais l'ordre des jugemens. Après l'information des *inquisiteurs* ou enquêteurs, on recommençait entièrement la procédure pardevant les présidens ; on traitait toute l'affaire avec l'ancienne régularité : au lieu qu'avec l'espèce *d'inquisition* introduite par FRÉDÉRIC, *inquisition* qui tint lieu de procédure *accusatoire*, on procédait tout de suite à la condamnation. Bien loin qu'on accordât à l'accusé la faculté de se défendre, on ne lui donnait pas même la copie de la procédure *inquisitoire*. Enfin, par la terrible constitution *Hi qui per inquisitiones*, il fut défendu de donner copie de l'information aux accusés qui se trouvaient entachés d'une mauvaise réputation; il ne leur fut accordé que d'avoir communication du nom des témoins produits contre eux.

Voilà donc le secret fatal, le mystère homicide déjà introduit dans la procédure; voilà les ténèbres insidieuses substituées à la publicité des anciens jugemens.

Mais quel germe a produit ce monstre barbare? Comment s'est-il introduit jusque dans le temple de la justice? Comment y a-t-il usurpé le propre trône de cette reine du monde?

C'est ce que nous rechercherons dans le chapitre suivant.

CHAPITRE XII.

Origine de la procédure secrète et mystérieuse.

L_{ES} jurisconsultes, comme les politiques, cherchent dans la science même qu'ils professent la cause de toutes choses. Les révolutions successives des lois sont pour les premiers, à cet égard, ce qu'est pour les derniers la chaîne des vicissitudes civiles.

Le savant ANTONIUS * MATTHAEUS attribue l'origine du *mystère judiciaire* à l'ignorance des premiers commentateurs du droit romain, lesquels, selon

* ANTONIO MATTEI est un jurisconsulte très-célèbre en Italie. Il a fait un commentaire sur les digestes et sur les pandectes, qui est très-estimé, ainsi qu'un excellent traité de pratique criminelle. Comme il a écrit en latin, j'ai cru que je pouvais à son exemple *latiniser* ici son nom, quoique M. PAGANO l'ait cité avec la terminaison italienne.

lui, lisant dans la loi XIV. C. *de test.* que les témoins devaient entrer *in secretum judicis*, crurent que cela signifiait que le juge devait recevoir *secrétement* leurs dépositions (1) : tandis que dans cette loi, comme dans les autres, *secretum* et *secretarium* sont le lieu particulier des jugemens, le tribunal *. Tout le monde sait que du temps où la république jouissait sans trouble de sa liberté, c'était au milieu d'un vaste *forum*, en présence d'une assemblée nombreuse d'auditeurs, qu'on jugeait à Rome les causes où il était question de la fortune et de la vie des citoyens. Ce ne fut que sous les empereurs qu'on s'avisa de prononcer sur la vie ou le mort des accusés, dans l'enceinte resserrée de palais retirés, en la seule présence des parties contendantes, et de

(1) ANT. MATTHAEUS *ad l.* 48. *D. tit.* 25. *C.* 4.

* C'est-à-dire, le *cabinet criminel*, comme nous appelons le lieu consacré dans la plupart de nos tribunaux à l'audition des témoins dans une information ou enquête.

quelques curieux qu'un léger intérêt pouvait y attirer.

La raison présentée par le jurisconsulte MATTHAEUS n'est donc fondée que sur un fait absolument hypothétique.

Le fameux auteur de l'Esprit des Lois assigne une autre origine à l'introduction du secret dans la procédure criminelle. Il dit que tant qu'au milieu de la barbarie du moyen âge, on décida les procès les armes à la main, les jugemens furent publics, à l'instar de ceux des anciens Romains ; mais que les combats une fois abolis, après l'invention de l'écriture, les jugemens devinrent secrets et privés (2).

Cette opinion ne me paraît pas plus décisive : ici la cause n'a pas assez de rapport avec son effet.

Ni la substitution du combat judiciaire au combat réel, tant chez les Romains que chez les autres nations, ni l'invention de l'écriture, ne produisirent

2) *De l'Esprit des Lois*, liv. 28, chap. 34.

cette révolution dans les jugemens : c'est donc ailleurs qu'il faut en chercher la cause (3).

Respectons ces grands hommes, mais tâchons de retrouver la véritable origine du *secret judiciaire*.

On vient de voir que ce fut sous les empereurs romains que la forme *inquisitoire* commença d'avoir lieu. Elle comportait le secret par sa propre nature. *L'inquisiteur* n'avait pas besoin d'être provoqué par des accusateurs ; il n'attendait pas qu'on lui *citât*, (dénonçât) les criminels : il informait d'office. FRÉDÉRIC II adopta, par sa constitution *inquisitores generales*, l'ancien système *inquisitoire* des Romains ; mais il n'en usa pas à leur manière : il préféra la forme introduite par les ecclésiastiques, forme sanguinaire et féroce.

Le zèle paternel qu'inspire notre sainte religion à ses ministres, leur ardente sollicitude pour le troupeau

____

(3) Essai deuxième.

qui

qui leur est confié avait dégénéré avec le temps, (comme il arrive de toutes choses) en esprit d'*inquisition*, esprit aussi fatal à l'innocence qu'au crime. Lorsque ces ministres, appelés évêques, c'est - à - dire *inspecteurs*, *inquisiteurs*, eurent acquis une puissance temporelle, leur vigilance pastorale se changea bientôt en véritable oppression *inqui-sitoire*.

Qu'on ouvre les décrétales ; le titre entier *De accusationibus* démontre clairement que c'est en effet de cette vigilance pastorale même des ecclésias-tiques, qu'est dérivé le pouvoir *inqui-sitoire*. INNOCENT III, dans le chapitre XXIII du même titre, croit en justifier l'exercice par l'exemple que rapporte l'évangile, d'un maître qui, ayant appris les malversations de son homme d'af-faires, en fit sur le champ justice, et par un autre à peu près semblable tiré de la Genèse. Le même pontife dans la XIIIe décrétale *de judiciis*, décrétale où il jette les fondemens de la monarchie

G

universelle qu'il voulait établir, et dans laquelle il tâche d'assujettir le sceptre à la tiare, en s'érigeant juge d'une contestation entre le roi de France et celui d'Angleterre, le même pontife dit „ que „ la juridiction papale doit connaître „ de quelque action humaine ou péché „ que ce soit, comme étant de sa com- „ pétence, puisqu'il est enjoint dans l'é- „ vangile à tous les fidelles d'informer „ l'Eglise, lorsqu'un pécheur, fraternelle- „ ment repris, n'aura pas voulu se cor- „ riger.

C'est encore par les décrétales qu'on verra que ce sont les papes qui ont introduit l'usage funeste de condamner un accusé, en vertu d'un procès *inquisitoire;* usage que FRÉDÉRIC adopta dans ses constitutions.

Ce n'est donc ni l'ignorance du mot latin, ni la désuétude dans laquelle tombèrent les combats publics, qui introduisirent le *secret* dans les jugemens. Ce fut un pas de plus fait par les papes dans le sentier *inquisitoire,* qu'avaient d'abord ouvert les empereurs romains.

CHAPITRE XIII.

Progrès de l'étude des lois en Europe, et surtout en Italie.

La procédure *inquisitoire* étant devenue juridique, une multitude de formalités et d'actes judiciaires y fut bientôt introduite, et donna naissance à tous ces délais qui prolongent les jugemens, et qui contribuent à soustraire les coupables aux justes peines qu'ils ont encourues : de sorte que la science de la jurisprudence ne fut plus qu'un art subtil et compliqué.

L'amour de l'étude du droit romain s'était répandu dans toute l'Italie, grâce à la nouvelle école établie à Bologne. Le grand FRÉDÉRIC II avait opposé le frein des lois à la fureur des guerres *privées*. Nouvel hercule, il avait enchaîné le pouvoir de tous ces *dynastes* qui étaient autant de tyrans; il avait terrassé

G 2

la barbarie, ce colosse qui surchargeait l'Europe de son poids monstrueux; il avait aboli l'ancienne forme des jugemens, les épreuves divines, le duel. Au droit de se faire raison, les armes à la main, avait succédé une procédure légale; l'étude des lois devait donc prendre vigueur, elle devenait nécessaire.

Ce n'était que par l'épée qu'on avait jusque là acquis la noblesse. A l'épée succéda la *toge*. Les docteurs et les magistrats marchèrent de pair avec les guerriers. Ils acquirent le titre superbe de *Militi*. On vit alors se former une nouvelle milice appelée *militia togata*.

La culture morale était à son aurore. Les premières lueurs des connaissances commençaient à briller. Mais les seules connaissances qu'il y eut encore étaient les connaissances légales, celles qui annoncent chez tous les peuples le premier pas vers la culture. La société quittait à peine le joug de la barbarie sous lequel elle gémissait depuis long-temps. Les vastes pays dont l'anarchie avait fait d'immenses déserts, n'étaient pas encore repeuplés. Les arts, le commerce étaient encore languissans. Quelques villes d'Italie, telles que Gènes, Venise et peu d'autres, cherchaient cependant à les ranimer. Mais les sciences étaient généralement par-tout ensevelies dans les épaisses ténèbres d'une nuit profonde, qui cédait à peine au jour naissant de l'industrie, de la liberté et de la régénération, que l'autorité des lois faisait succéder à l'indépendance, à la guerre civile, à la destruction.

Dans cet état d'inertie, privés du secours des arts, de l'activité du commerce, du flambeau des sciences, au moment de l'accroissement de la population, à quelle étude pouvaient se livrer les hommes, si ce n'est à celle des lois, l'unique qu'on connût alors, et qui menât à l'opulence et à la gloire?

Voilà la véritable cause qui produisit cet essaim de docteurs répandus tout à coup dans l'Europe entière.

Mais ce fut surtout en Italie que

ces légions de docteurs s'accrurent davantage. L'esprit actif des Italiens demandait de l'occupation. Le seul code et les commentaires des docteurs leur en offraient. La cour de Rome aspirait à la monarchie universelle. Des lois, des commentaires et des chartes furent les seules armes dont elle voulut appuyer ses prétentions.

Tout concourut donc alors à exciter davantage l'amour de l'étude des lois.

La seule science qui régnât dans les temps barbares (si toutefois elle mérite ce nom) était la *scolastique*, qui à l'art sophistique des anciens Grecs joignait toute l'âpreté du genie des peuples septentrionaux. Vide d'idées, riche de subtilités, elle s'était propagée à un point incroyable. La foule innombrable de fainéans, qui s'était retirée dans les cloîtres pour fuir l'ennui, suite nécessaire de l'oisiveté, ne parvenait aux honneurs du Baccalauréat qu'à l'aide de ce vain et subtil *ergotisme*. Nous verrons ci-après combien cette métaphysique de l'école,

entée par la suite sur celle de la jurisprudence, et qui, passant du cloître au
barreau, vint y recruter de nouveaux
athlétes, nuisit à la procédure.

Aux causes générales que nous venons
d'exposer s'en joint encore une autre
plus spéciale : elle nous est suggérée par
notre célèbre historien civil *. C'est le
grand soin qu'eurent les Espagnols de
tourner vers le barreau toute l'attention
des esprits inquiets et turbulens des
régnicoles **.

Il résulte, de tout ce que nous venons
de dire dans ce chapitre, qu'il fut un
temps où l'art du barreau et l'esprit de
chicane s'étaient emparés de toutes les
têtes, s'étaient insinués dans toutes les
affaires, exerçaient un empire absolu
dans tous les lieux.

* C'est probablement de GIANNONI que l'auteur
parle ici, ou peut-être de MURATORI.

** Parmi les différens peuples qui se succédèrent
dans les deux Siciles, les Allemands et les Espagnols leur donnèrent alternativement des vice-rois;
ces derniers eurent surtout la politique de faire
adopter leurs mœurs et leurs coutumes aux Siciliens.

CHAPITRE XIV.

Origine des intrigues et labyrinthes de la procédure actuelle.

Nos docteurs privés des lumieres de l'érudition, n'étant pas éclairés du flambeau de la philosophie, ne furent que les médiocres interprètes du droit romain, S'apercevant que la nouvelle procédure *inquisitoire* ne cadrait pas avec ce qui avait été prescrit par les lois romaines, et voulant adapter celles-ci à toutes choses, expliquer tout par elles, ils formèrent la procédure actuelle : composé monstrueux de cette multiplicité de formalités légales, et d'actes juridiques, dont il résulte autant d'inconvéniens que de l'irrégularité même inhérente à la procédure inquisitoire.

Les lois cruelles, les ordres violens ne subsistent pas long-temps. Mais rarement extirpe-t-on les racines du mal.

Les hommes, dit le philosophe lyrique, n'évitent souvent un excès qu'en tombant dans un autre. C'est précisément ce qu'on peut reprocher à la législation des pragmatiques, dont l'entière rédaction est empreinte de l'esprit de chicane qui les dicta.

Nos docteurs, élevés ensuite à la dignité *d'assesseurs*, dignité dont les fonctions étaient d'indiquer les lois, d'en suggérer l'application, soit qu'ils craignissent de perdre une place qui les approchait des princes, soit qu'ils manquassent de moyens, ne voulurent, ou ne purent pas détruire des abus qui tenaient essentiellement à la constitution (1). Semblables à des médecins sans expérience, à d'ignares charlatans, ils employèrent des remèdes momentanés, qui produisirent de nouveaux maux.

Ce que nous observons ici de toutes les parties de la législation s'applique également à ce qui regarde les jugemens publics.

(1) Aperçu sur l'histoire du royaume de Naples, dans notre dernier essai.

CHAPITRE XV.

Altération et changemens de la pro-
cédure dans les temps subséquens.

Examinons à présent l'édifice que
la nécessité de l'ordre exigé par la loi,
ou l'ignorance des docteurs éleva sur les
bases de la procédure *inquisitoire*, et
comment, aux formes de celle-ci on
joignit les formalités de la procédure
accusatoire.

Après l'information fiscale, qui est
précisément la procédure *inquisitoire*,
les docteurs exigèrent *l'assignation*,
(*citatio*) acte par lequel commençait l'ancienne procédure *accusatoire*. Quoique
le juge dût déjà assurer dans le résultat
de l'information si l'accusé était coupable
ou non, on voulut encore que l'acte
dont il s'agit eût lieu, et qu'à l'instant
ou l'accusé était emprisonné, il fût *cité*

(*assigné*) : formalité assurément inutile et superflue, mais sans laquelle cependant la procédure devenait, et est encore aujourd'hui, nulle; ce qui sauvait et sauve encore le coupable de la peine ordinaire.

Lorsque l'accusé était présent dans le jugement, on l'interrogeait; et s'il niait, il était admonété *.

Comme nous devons ci-après parler avec une certaine étendue de cette *admonition*, nous ne nous y arrêterons point ici.

Venait ensuite une foule d'actes inutiles, appelés *ordinatoires*, savoir : la *contestation* du procès, le *récolement* des témoins, la *concession* des délais, l'*expédition* de l'assignation (*de la citation*) des témoins.

---

* *L'admonition* dont il est ici question , n'est point du tout, comme on le verra dans la suite de cet ouvrage , l'espèce de condamnation, *presque* infamante, admise, en plusieurs cas, dans nos jugemens criminels ; il ne s'agit ici que que d'un simple *avertissement*, qui ne comporte aucun blâme.

Le récolement des témoins est une des formalités juridiques que les docteurs introduisirent pour suppléer à ce qui manquait, à cet égard, dans la procédure *inquisitoire*, cherchant à adapter par là à la nouvelle forme des jugemens les anciennes lois romaines (1), selon lesquelles, comme nous l'avons déjà dit, les témoins devaient être entendus *en présence des parties*, ce qui légitimait la procédure. Telle est l'origine de l'usage où l'on est de récoler les témoins déjà entendus dans l'information fiscale.

Cette formalité est aujourd'hui censée si nécessaire, que nous la regardons au barreau comme la seule qui régularise une procédure, et que sans elle tout jugement qui condamnerait un coupable à la plus légère peine n'aurait aucune valeur (2).

(1) L. *Si quando* C. *de test. et nov.* 90. C. 9.

(2) Le procès commence réellement au récolement des témoins. Dans la plus ancienne procédure qui soit parvenue jusqu'à nous, celle faite sous FERDINAND I contre le sieur PETRUCCI et le comte de

Mais elle devint avec le temps un acte inutile, et l'on jugea suffisant que l'accusé vît seulement prêter serment aux témoins, sans qu'il sût ce qu'ils avaient déposé. A quoi servait en effet ce récolement? de quelle utilité est-il aujourd'hui? puisque c'est *en l'absence* de l'accusé que le greffier, ainsi que cela se pratiquait également alors, relit aux témoins leurs propres dépositions : dépositions que ceux-ci doivent nécessairement ratifier, sans savoir souvent si ce que le greffier lit est bien réellement ce qui est écrit. Mais je ne veux pas anticiper sur des choses dont je dois ci-après longuement parler. Suivons pour le moment le cours des changemens arrivés dans la procédure.

sarno, nous voyons qu'après l'*information fiscale* et la *discussion* du procès, on accorda un délai de dix jours, tant aux accusés qu'au procureur du *fisc*, pour vérifier les preuves *fiscales*. Celui-ci fit examiner, durant ce délai, les témoins qu'on avait entendus dans la première enquête.

Au surplus, le *récolement* fut réuni à la *confrontation* des témoins avec les accusés, et à l'admonition, comme nous le dirons ci-après.

Les docteurs s'apercevant que l'accusateur dans l'ancienne procédure avait le droit de produire les preuves, imaginèrent les délais pour prolonger, *engraisser* (*ad impinguare*) le procès, pour le fortifier, s'il est permis de parler ainsi, de renseignemens et d'actes judiciaires. 'Alors on en régla non seulement pour la défense de l'accusé, mais encore pour les reproches qu'il pouvait avoir à donner contre les témoins; et ce dernier devenait commun à l'accusateur. Enfin on prononça l'abolition de toute réplique (3).

On voit quel mélange les docteurs ont fait des lois romaines et des lois

(3) Les docteurs canonistes avaient en cela précédé nos docteurs civils. Dans la *décrétale* 24, *tit. de acc.* on lit : *Debet igitur esse praesens is , contra quem facienda est inquisitio... et exponenda sunt ei illa capitula , de quibus fuerit inquirendum, ut facultatem habeat defendendi seipsum , et non solum dicta, sed etiam nomina ipsa testium. Nec non exceptiones, et replicationes legitimae admittendae.*
Voilà l'origine de la multiplicité des fonctions juridiques, et des longs délais.

modernes ; quelle monstrueuse procédure a produite *l'accouplement* de la procédure *inquisitoire* avec la procédure *accusatoire* ; quelles longueurs la multiplicité de fonctions et de formalités a introduites dans les jugemens ; enfin quelle voie d'impunité a été ouverte aux coupables. Tous ces maux, tous ces désordres viennent de la volonté qu'on a toujours eue de se soustraire à l'oppression de la *procédure inquisitoire*, et de l'impuissance où l'on a toujours été de le faire. Pour protéger la liberté civile, on a ouvert un vaste champ à l'impunité et à la licence ; et pour réprimer celle-ci, on a opprimé la liberté. Loin d'obvier au premier désordre, on a donné carrière à un autre pire encore.

Mais la comparaison de la procédure actuelle avec l'ancienne procédure romaine, rendra tout cela plus sensible.

CHAPITRE XVI.

De la nécessité de l'Enquête dans une monarchie.

La véritable procédure *accusatoire* ne peut jamais avoir lieu dans une monarchie: c'est la procédure *inquisitoire* qui y est nécessaire *.

Dans les républiques on ouvre le jugement par un acte *d'intimation* à l'accusé

---

* Cette opinion mérite, à mon avis, l'examen le plus mûr et le plus approfondi. J'aurai peut-être occasion de le faire, si les circonstances présentes ne portent aucun de nos publicistes à traiter la question sur laquelle elle porte, avec l'impartialité et le développement qu'elle exige. M. PAGANO me pardonnera de différer quelquefois de sentiment avec lui, et de ne pas me rendre en dernier ressort, sans discussion préalable, aux idées que le plan qu'il s'est prescrit ne lui a pas permis de développer complétement, ou d'étayer suffisamment de principes. Mais comme le mien n'est, en ce moment, que de faire connaitre son ouvrage, parce que j'ai pensé qu'il serait utile, je réserverai toutes mes réflexions pour un autre lieu.

de

de l'accusation intentée contre lui ; parce que, s'il s'enfuit, il encourt par là, de son propre fait, la plus grande peine que puisse subir un républicain, le bannissement : car il est dans sa patrie un élément de la souveraineté. Au lieu que dans une monarchie *le droit de cité* n'équivaut qu'à celui de la propriété des biens qu'on y possède. Comme il est aisé de transporter ailleurs sa fortune, chacun peut transférer sa patrie où il lui plaît : de là l'indifférence pour *le droit de cité* : indifférence devenue plus forte depuis qu'au moyen du change, qui doit son origine autant à la vexation qu'au commerce, depuis qu'au moyen du change, on a trouvé la facilité de transmettre d'un pays dans un autre, quelque éloigné qu'il soit, les richesses les plus considérables, par un simple carré de papier.

Lorsque d'un autre côté l'homme est obligé de chercher sa subsistance dans l'exercice d'une profession quelconque, ou dans le travail journalier de ses bras,

H

le droit de citoyen n'équivaut plus qu'à *zéro*. Alors le lieu où il mettra le pied sera sa patrie de prédilection, parce qu'il trouvera par-tout un *Jupiter* qui le protégera, un *Soleil* qui l'animera, une *Terre* qui le nourrira. C'est donc avec raison que le Philosophe de Genève disait qu'on devrait effacer des lexiques modernes les noms de *patrie* et de *citoyen*.

Si le système de la procédure accusatoire put jamais être adopté dans une monarchie, ce ne fut que dans l'empire romain. Toutes les provinces étant réunies sous le commandement d'un seul, la puissance romaine embrassant, pour ainsi dire, toute la terre, il ne restait pas au coupable fugitif le coin le plus étroit pour asile.

Mais dans toute autre espèce de monarchie, où il est d'abord essentiel de s'assurer de l'homme suspecté coupable, il n'y a qu'une procédure secrète et prompte qui puisse atteindre ce but *.

---

* Je ne suis rien moins que convaincu de l'impossibilité de bannir à jamais, même des monarchies,

Examinons actuellement la nature et les effets de cette procédure, telle qu'elle existe parmi nous. Ouvrons la funeste et terrible scène des maux qui affligent la société, à laquelle l'impunité qui résulte de notre procédure nuit plus encore que la prétendue oppression de l'innocence. Laissons de côté les déclamations générales des prétendus philosophes. Exposons les graves désordres dont nous sommes à toute heure témoins dans l'exercice de nos fonctions d'avocat criminel.

la procédure secrète ou inquisitoire ; d'y porter à un taux raisonnable d'intérêt l'attachement à la patrie, d'y faire valoir enfin ce qu'il doit valoir réellement, le droit de cité.

CHAPITRE XVII.

Analyse du système inquisitoire actuel.

Commençons par *l'inquisiteur. L'en-quête* ou recherche du coupable et des preuves du délit étaient faites chez les romains, du temps de la république, comme nous l'avons déjà dit, par l'accu-sateur; sous les empereurs, par les *iré-narques*, qui suppléerent celui-ci. Nos [*] constitutions en ont chargé les juges mêmes. Il y a plus : elles leur ont défen-du de commettre ou *déléguer* personne pour la faire à leur place. Mais la néces-sité introduisit l'usage d'en charger les *notaires* de la cause, que nous appelons greffiers, et cet usage est passé en loi. En effet, que les témoins soient entendus par le commissaire de la cause, en vertu

---

[*] Le lecteur jugera bien, sans doute, qu'il est ici question des *constitutions de Sicile.*

de la formule *testes audiantur coram;* qu'ils le soient par la *rote* * entière, s'il a été ordonné que l'information serait faite *in aula;* dans tous les cas, c'est toujours le greffier qui est l'unique *enquêteur.* La multitude des affaires, et la longueur du temps qui s'écoule jusqu'à ce qu'on traite enfin la cause, ont déjà effacé de la mémoire des juges les dépositions des témoins. Il est vrai cependant qu'un ordre particulier, émané de la prévoyance de notre auguste souverain, a enjoint aux juges de signer les dépositions des témoins : mais il n'est pas encore d'usage de le faire dans la capitale; et cela est même inutile dans

* Il ne faut regarder ici le nom de *rote* que comme un nom générique, employé par l'auteur pour signifier le tribunal. Ce nom, particulièrement affecté à quelques tribunaux d'Italie, paraîtrait signifier que les juges ou auditeurs n'y font le service que par tour. Mais il y a des affaires qui exigent le concours de la rote entière, comme à Rome, par exemple, où elle est composée de sujets des différentes nations catholiques, au nombre de douze.

H 3

les provinces, la multiplicité des procès ne permettant pas aux officiers des tribunaux de lire tout ce qui a pu être écrit dans une procédure.

C'est donc toujours, ou pour le plus souvent, un subalterne qui est vraiment *enquêteur.*

Je ne parlerai pas de cette espèce d'hommes que la nécessité et le besoin peuvent porter à déguiser la vérité. Les greffiers ne retirant aucun salaire du public, n'étant animés par l'espérance d'aucune considération, croient pouvoir chercher quelque aisance aux dépens des lois. Le public est suffisamment convaincu de leur peu de fidélité. Une vérité de sentiment serait affaiblie par les couleurs du style.

Je passe donc à l'examen des maux qui sont nécessairement inhérens à la constitution de la procédure actuelle, soit que le subalterne, soit que le juge, remplisse les fonctions *d'enquêteur* dans l'information fiscale.

L'enquête, dont il vient d'être question,

est provoquée ou par un *libelle d'accusation*, ou par les notions que les subalternes procurent aux juges des délits publics. Si le dénonciateur ou l'accusateur intervient dans le jugement, le second est obligé par la loi, comme le premier par l'usage, de fournir des lumières sur le délit, d'en indiquer les traces, et de produire une liste des témoins.

Et voilà précisément le premier défaut de nos jugemens actuels. Lors de la liberté de la république, le zèle du bien public, la gloire qui résultait d'une accusation célèbre, produisait au grand jour tout délit, quelque caché qu'il fût. Sous les empereurs, les magistrats publics, appelés *irenarchi*, dénonçaient tous les crimes. Chez les Anglais, c'est le conseil du roi qui accuse. Des citoyens une fois entrés dans le sentier des honneurs, ont intérêt de bien remplir la charge qui leur est confiée. Parmi nous une classe d'hommes qu'aucune espèce d'honoraires n'encourage, que l'honneur

H 4

n'anime point, ne doit dénoncer que les grands délits, ceux seulement que la *clameur publique* ne laisse pas ensevelis dans les ténèbres.

Quand il n'y a point de partie plaignante, ou s'il y en a, quand son extrême pauvreté rend son accusation de nulle valeur, alors, ou la preuve reste cachée, ou elle n'est produite qu'en partie, ou l'on ne suit le délit que sur des indices trompeurs, et les yeux du magistrat sont détournés des véritables traces. Les délits des riches sont le plus souvent couverts, au poids de l'or, du manteau de la charité fraternelle de la part des subalternes. Si l'accusateur et l'accusé sont pauvres tous les deux, on ne prend même pas la peine d'informer : ce serait perdre son temps. Un magistrat des plus distingués m'a assuré qu'en parcourant les provinces, il a vu dans les greffes des différens tribunaux une multitude d'informations faites depuis plusieurs années, et laissées dans l'oubli. Quelque zèle qu'ait un juge, il ne peut obvier à un mal aussi grave. La multiplicité des affaires, la dignité de la *toge* ne lui permettent ni de se compromettre avec le plus bas peuple, comme il serait obligé de le faire, s'il cherchait à déterrer par lui-même les preuves des délits, ni de tenir note de toutes les informations.

Le second défaut de notre procédure actuelle vient de ce qu'on n'y a pas réglé que les accusateurs portassent la peine due à la calomnie, s'ils s'y exposaient ; et de ce que, chez nous particulièrement, on ne condamne pas le calomniateur par le même jugement que celui qui déclare l'accusé innocent, comme cela est prescrit par les lois romaines, et par la constitution de la monarchie. C'est par l'impunité que l'audace des faux accusateurs est enhardie. C'est l'impunité qui provoque le nombre de causes qui inondent le barreau. En ordonnant, comme il arrive quelquefois, une information contre le calomniateur, on ne fait qu'ouvrir un second jugement, qui n'obvie pas davantage à l'inconvénient dont nous parlons, puisque ce jugement reste toujours suspendu : car il n'y a pas chez nous d'exemple d'un calomniateur condamné.

La sagesse des réglemens par lesquels les Romains surent réprimer l'impudence des téméraires et faux accusateurs, n'aura point échappé au lecteur attentif dans l'esquisse que nous avons donnée de l'ancienne procédure. Les calomniateurs, qui ne pouvaient pas quitter le jugement, sans rencontrer la peine qu'ils avaient encourue, et qui leur était infligée en vertu du senatus-consulte TURPILIANUS, les calomniateurs furent d'abord intimidés par la crainte de l'infamie, dont la loi *Memmia* les menaçait, ensuite par la peine du talion qui leur était réservée. Les accusateurs téméraires étaient encore condamnés à payer les frais du procès. A Athènes, l'accusateur qui ne réunissait pas en sa faveur la cinquième partie des suffrages, payait une amende considérable *. Le malheureux émule de DÉMOSTHENES n'ayant pu, en pareille circonstance, obtenir le nombre légal de voix, fut exilé, parce que ses biens n'étaient pas suffisans pour payer cette amende. On établit aussi des peines sévères contre les prévaricateurs, qui, par leur collusion avec le coupable, éludaient la loi (1).

Mais si les accusateurs faux, téméraires et corrompus furent refrénés par les peines que nous venons de citer, ceux qu'un vrai zèle portait à le devenir furent, d'un autre côté, excités par la gloire, encouragés par le prix qui les attendait.

Ces institutions, renouvelées par FRÉDÉRIC, sont tombées en désuétude parmi nous. Par le système actuel, les fausses accusations se sont multipliées, et les vrais délits n'en restent pas moins cachés.

Troisième défaut: l'information *fiscale* est, de fait, la procédure *accusatoire*, et

* Voyez PLATON dans son admirable traité des lois, dialogue XII°.

(1) *L. ult. cod. de calumn.*

elle passe cependant pour une enquête impartiale. Les témoins sont produits par les accusateurs ; et tandis qu'on a la plus grande confiance pour les témoins fiscaux, on n'en accorde point, ou que très-peu, à ceux de l'accusé. Or, la condition de l'accusateur, et celle de l'accusé, devraient être égales, au moins à cet égard. C'est ce que prescrivent les lois, dit le grand orateur d'Athènes, c'est ce qu'exige le serment des juges (2).

Par la forme des jugemens actuels, l'accusateur a donc un avantage décidé sur l'accusé ; puisque dans l'information dite fiscale, et qu'on devrait plutôt appeler information *de l'accusateur*, dans la *fabrication* de la procédure (édifice funeste, qui, même à l'instant de sa destruction, et lorsque l'accusé est renvoyé de son accusation, l'opprime et l'écrase sous ses ruines) l'accusateur, fournissant les preuves, peut ourdir une trame fatale à l'innocence. Mais traitons avec plus d'étendue cette importante matière.

(2) *In proem.* pro CORON.

CHAPITRE XVIII.

Suite du même sujet.

Je suppose que la rédaction de l'enquête soit commise à un juge juste et impartial, et non à un vénal subalterne, prêt et accoutumé à mettre à l'enchère les preuves fiscales ; je suppose que les témoins soient incorruptibles et intègres, qu'ils parlent avec la bouche de la vérité, qu'ils ne soient pas inspirés par celui qui les a produits ; avec toutes ces suppositions, on va voir que la procédure *inquisitoire* n'en serait pas moins fatale à l'innocence, si du sein même de la corruption ne sortait l'antidote de l'homicide poison.

Il y a dans toutes choses différens aspects, et les diverses et moindres circonstances changent la nature même des événemens. Une action regardée d'un côté, et eu égard seulement à telles circonstances, paraît de telle nature, qui, sous un autre aspect ou dans le cours d'autres circonstances, ne sera plus la même action, et ne fera plus la même impression. Qu'un historien nous raconte qu'un père cruel vit, sans frémir, expirer ses propres enfans sons la main des bourreaux, que de sa bouche sortit l'arrêt inhumain de leur supplice; quel mouvement d'horreur, quelle indignation ne s'élèvera-t-il pas dans nos cœurs contre ce père barbare! Mais qu'un autre écrivain ajoute à ce récit que ce père était un consul romain, un homme aux mains duquel le dépôt sacré de la liberté était confié ; que ces fils étaient des rebelles qui voulaient mettre la patrie dans les fers, introduire dans son sein un ennemi public, un lion altéré du sang des citoyens et de celui du consul même ; que ces impies trahissaient et leur patrie et leur propre père, dont ils avaient voué la tête au fer des Tarquins; ce père cruel devient un héros, et les larmes versées pour ces enfans rebelles, seront desséchées sur le visage par la colère et l'indignation qu'inspire leur projet.

Lorsque *l'enquêteur* dresse l'information fiscale sur les indices fournis par l'accusateur, il considère l'action du coupable du côté seul qui aggrave le délit. Mais il passe sous silence les circonstances qui peuvent tendre à disculper l'accusé. Tous les *enquêteurs* ont généralement à la bouche cette phrase fameuse : *pour la défense, les preuves de l'accusé* : défense à laquelle on ne donne aucune confiance, comme nous le dirons en son lieu. L'accusé ressent en attendant l'offense qu'on lui a faite ; il reçoit dans le coeur le coup dont il ne peut ensuite fermer la plaie qu'avec peine. L'enquêteur, quelque juste et humain qu'il soit, ne peut obvier à cet inconvénient, qui a sa source dans la constitution même du système judiciaire. Il faut nécessairement qu'il marche sur les traces qui lui sont indiquées par l'accusateur. Il faut qu'il interroge les témoins d'après l'exposé de ce même accusateur; exposé qu'il doit toujours avoir sous les yeux.

Ces désordres régnèrent publiquement jusqu'au règne de CHARLES V, qu'ils fixèrent enfin l'attention et la prévoyance du législateur. Cet empereur ordonna par sa pragmatique VI, sous le titre *de actuariis*, que les dépositions des témoins, tant en faveur de l'accusé, qu'à l'avantage de l'accusateur, fussent *registrées* en entier dans l'information fiscale. Mais les lois qui réforment des abus particuliers, sans attaquer le vice même de la constitution, tombent bientôt dans l'oubli, parce que toute la force de cette constitution s'oppose à la leur. Les témoins n'en sont pas moins interrogés que sur les faits énoncés par l'accusateur; et si jamais un témoin dépose en faveur de l'accusé, la fausse métaphysique qui règne au barreau, et que nous exposerons ci-après, s'oppose à ce qu'on *enregistre* sa déposition.

CHAPITRE

CHAPITRE XIX.

Système fiscal.

On m'objectera peut-être que dans les délits graves, dans lesquels on procède d'office, (*ex officio*) encore qu'il y ait dans le jugement un plaignant, l'enquêteur ne tient jamais aucun compte de l'exposé de celui-là, et qu'il établit lui-même la véritable idée du fait : ce qu'on appelle *système fiscal.*

Mais ce système fiscal est souvent encore plus funeste à l'innocence, et plus favorable à l'impunité, qu'on ne le croit communément : cherchons-en la raison.

Un enquêteur zélé, après avoir acquis des indices, après avoir entendu les témoins, combine les faits, et se forme une idée précise et complète du délit. C'est un point fixe dont il rapproche

I

ensuite, comme autant de lignes, tous les indices; un centre vers lequel il dirige les dépositions des témoins. On regarde comme l'enquêteur le plus actif celui qui sait le mieux *ourdir* un tel système, qui sait le mieux présenter l'unité de temps, de lieu et de faits, comme s'il avait à composer un poëme régulier.

La *scolastique*, qui d'abord s'introduisit dans la morale et dans la théologie, corrompit et déprava ces sciences, passa ensuite dans le barreau, a produit le sophisme judiciaire que nous allons suivre pas à pas. Ce sophisme y a consacré l'opinion que *tout témoin, dont la déposition est écrite dans l'information fiscale, doit être accepté par le fisc, et regardé comme véridique.* Il faut donc, d'après ce système, que l'information tombe nécessairement, toutes les fois que la déposition d'un témoin fiscal sera contraire à l'idée que se sera formée l'enquêteur, et qui sera établie sur les dépositions des autres témoins; puisque, sans cela, il en résulterait une contradiction qui se détruit d'elle-même, savoir : que le fisc aurait pour vraies deux choses contraires ; ici, ce qui est affirmé par un seul témoin, et là, ce qui l'est par les autres. De là dérive la nécessité déplorable de tenir pour faux témoins ceux qui déposent contre le fisc, de ne pas registrer leurs dépositions dans les actes fiscaux, de chercher à les concilier, à les persuader, et à les forcer même de déposer selon la vérité, ou pour mieux dire, selon l'idée que l'enquêteur a établie pour vraie. C'est là la raison cachée pour laquelle les lois contraires à cette erreur dominante sont et seront toujours inutiles et sans vigueur. Voilà pourquoi dans l'information fiscale on met seulement en vue le côté des choses qui plaît au fisc, laissant à l'accusé le soin de relever dans ses défenses les circonstances qui lui sont favorables, et desquelles, après une longue et pénible prison, peine souvent plus grave que celle que mérite le délit qu'on lui impute, il tire un parti qui présente aussi un autre pernicieux inconvénient, que nous démontrerons dans son lieu.

Arrêtons nous pour le moment à combattre la monstrueuse opinion qui a fait appliquer à la procédure la doctrine de *l'indivisibilité*.

Selon les docteurs du barreau, la procédure est indivisible. La déposition de chacun des témoins l'est également. Toutes les dépositions doivent donc tendre au même but, comme toutes les parties de la déposition même. De sorte que si la procédure est fausse en une de ses parties, s'il est un seul point où elle ne *régisse* pas la déposition d'un témoin, elle sape dans ses fondemens tout l'édifice fiscal.

Il est cependant vrai qu'un homme, une fois reconnu menteur, est suspect dans tout ce qu'il affirme. Mais il ne s'ensuit pas, pour cela, qu'une déposition fausse, en un seul point, doive être regardée comme entièrement fausse. On ne ment pas toujours avec intention de le faire. C'est souvent ou par défaut de mémoire, ou par erreur des sens. D'ailleurs, les hommes n'étant d'ordinaire ni entièrement bons, ni entièrement méchans, les menteurs ont coutume de mêler quelques vérités à leurs mensonges. C'est donc à un juge sage à apprécier, par les différentes preuves qu'elles contiennent, la valeur des dépositions, et à discerner ainsi le faux du vrai.

Un ou plusieurs témoins de l'information peuvent être faux, et tous les autres vrais. Alors l'opinion de *l'indivisibilité* est encore plus ridicule. Mais comme nous devons ci-après revenir sur ce même sujet, nous n'en dirons pas davantage pour le moment.

Si cette opinion erronée ne sauve pas entièrement le coupable, elle lui fournit au moins les moyens de se soustraire à la peine ordinaire. Il résulte de son adoption que l'enquêteur, voulant accorder, combiner ensemble toutes les parties de la procédure, est obligé de faire *incarcérer*, et de *vexer* les témoins; de ne jamais faire ressortir que ce qui convient au système fiscal, et de laisser de côté ce qui peut tendre à la justification de l'accusé. La procédure n'est plus alors qu'un vrai roman, ou plutôt un poëme tragique, dont l'accusé est le malheureux protagoniste.

Mais si d'un autre côté l'enquêteur n'est pas doué d'une grande aptitude, une procédure défectueuse et mal dressée ouvre aussi au coupable une voie pour se soustraire à la peine qu'il a méritée. Cela arrive d'ordinaire dans les volumineuses informations, parce qu'il est plus difficile de conserver l'unité dans le développement d'un long poëme que dans une simple action théâtrale.

Mais nous voilà arrivés à un tel période de maux, qu'il est temps d'en chercher le remède. C'est dans un poison plus doux que nous trouverons l'antidote d'un poison plus violent; c'est en substituant à une maladie grave un mal plus léger, que nous guérirons la première. Malheur aux citoyens, si l'unité de la procédure

était jamais exactement observée! l'ignorance des subalternes est souvent l'unique
soutien de l'innocence opprimée!

Tout le monde sait combien l'esprit
de système nuisit pendant long-temps
aux sciences. Il fit perdre de vue la
vérité. On n'interrogea plus la nature ; on
négligea d'observer ses effets, de les comparer entre eux, et d'en tirer les conséquences naturelles. L'esprit d'hypothèse
prévalut ; on employa pour le soutenir
jusqu'à la violence ; on outra tout ; on
abusa de la raison. Il en fut de même
de la procédure. Le système fiscal une
fois formé, on fit tout concourir à l'adoption de ses formes. On abandonna
toute autre marche ; on négligea tous
autres indices que ceux qu'il prescrivait.
Voilà comme, le vrai coupable échap-
pant à la peine, l'innocent est souvent
victime de ce même esprit de système
introduit au barreau.

Le système fiscal ne nuit pas moins
encore à la vérité, par le préjudice qu'il
porte ordinairement à l'accusé. En effet il

s'élève contre celui-ci, d'après les formes de ce système, même avant l'établissement du fait fiscal, une présomption qu'il a ensuite bien de la peine à détruire, parce que les juges montent au tribunal avec un esprit prévenu.

Celui des juges, qui a surtout rempli les fonctions de commissaire, et qui, par cette raison là même, jette le premier dans l'urne son suffrage pour la condamnation de l'accusé, ne peut jamais conserver la froide indifférence qui convient à un juge. Il n'est guères possible qu'il ne soit pas animé du zèle d'un accusateur passionné, puisqu'il en tenait la place en faisant l'enquête. Cet attachement puissant qu'ont naturellement tous les hommes pour leurs idées, pour leurs jugemens, pour leurs opérations, et qui est une émanation de l'amour propre, premier et unique mobile de toutes nos actions, doit porter le juge enquêteur, plus que tout autre, à soutenir avec opiniâtreté la procédure fiscale qu'il a dressée, puisqu'elle est l'oeuvre de son génie.

Nous regardons, pour ainsi dire, comme portions de notre esprit, nos idées, nos raisonnemens, et surtout nos inventions. Lorsqu'on renverse un système que nous avons élevé, il nous semble qu'on détruit une partie de nous-mêmes, qu'on nous arrache une propriété de notre ame. D'ailleurs, indépendamment de notre amour paternel pour nos productions, la vanité n'a pas peu de part dans la défense de nos opinions et de nos systèmes. *Errare et decipi turpe ducimus.*

L'Histoire littéraire nous fournit des preuves constantes de ces vérités dans la guerre chaude, et souvent sanglante, que se font les auteurs à ce sujet.

Cette espèce d'acharnement à soutenir le plan adopté par la procédure fiscale pour les preuves, acharnement qui ne convient point à un juge, va très-bien à un accusateur. Le juge est un intermédiaire entre les deux contendans. Il compare les raisons respectives, les balance, et juge ensuite. L'accusateur et l'accusé fournissent les indices, les faits, les conjectures, qui font la matière du jugement. Il n'y a donc que la froide raison qui doive agir dans le juge. La passion peut animer l'accusateur. L'attention, l'activité, la finesse, qualités nécessaires pour découvrir la vérité, ne dérivent que d'un vif intérêt, d'une passion chaude. Il y a donc dans notre système deux sortes de fonctions qui, quoique opposées, sont confondues ensemble, et dont il ne peut y avoir que l'une ou l'autre de bien remplie. Nous aurons toujours ou un enquêteur inutile, ou un juge passionné. Je n'ai pas parlé de l'ambition qui, dans les causes fameuses, ne manque pas de naître dans l'esprit du juge enquêteur : ambition de montrer du zèle et des talens, de se signaler en mettant au jour un délit caché, en consacrant une victime à la justice publique. Une ambition si louable, à bien des égards, peut éblouir le plus humain et le plus juste des hommes. Elle peut porter un juge à prévariquer;

elle peut lui persuader que le germe de sa gloire et de sa fortune doit sortir de la terre même qu'un coupable supposé aura baignée de son sang.

Tels sont les désordres, déjà très-grands et très-nombreux, que traîne nécessairement avec lui le système fiscal, adopté dans l'information criminelle, lors même que l'enquêteur est juste et incorruptible. Mais s'il veut abuser de son pouvoir, combien plus de facilité ne lui offre pas encore pour cela même la methode usitée? Les juges pouvant dans notre système accorder ou refuser le *prae oculis* * aux accusés, c'est-à-dire, pouvant, lorsqu'il leur plaît, tenir compte dans l'information des défenses

---

* L'accusé, dans son premier interrogatoire, a pu faire un exposé du fait à sa manière; il a pu, dans la suite de ses défenses, dans ses *contredits*, présenter les choses sous une face toute différente que celle qui a été présentée par l'accusateur : alors les juges peuvent ordonner que le commissaire chargé de faire l'enquête, si elle a lieu, ait aussi, dans le cours de son information, l'exposé de l'accusé sous les yeux : c'est là le *prae oculis.*

précedemment produites, chacun voit que le salut du coupable, ou l'oppression de l'innocent, est dans les mains de l'enquêteur, et que c'est à sa bonté, plus qu'à la prévoyance de la loi, que l'innocence est redevable de sa sauve-garde.

CHAPITRE XX.

De la vexation des témoins.

POUR ne rien omettre de ce qui appartient à l'analyse de l'information fiscale, il convient de dire ici quelques mots au moins de la vexation qu'on est indispensablement forcé de faire essuyer aux témoins. Je ne parlerai pas de l'oppression et des violences incroyables dont les subalternes usent envers eux. Je ne dirai pas que dans les provinces leurs biens, leur honneur, leur liberté sont continuellement exposés à la voracité et à la violence de ces rapaces harpies. Je le répète, mon but n'est pas de mettre en évidence les abus de *manutention**du système actuel, je ne prétends

---

* Je demande grâce pour ce mot, qui m'a paru plus propre que tout autre à rendre ici l'idée de l'auteur et la mienne. Cette *manutention*, au surplus,

que démontrer les vices inhérens à sa constitution même. Parlons donc de la vexation indispensable des témoins.

La raison veut qu'on n'incarcère que les témoins qui ne veulent pas déposer ce qu'ils savent d'un délit. Lors donc que l'enquêteur a quelque indice qu'ils sont instruits de ce délit, s'ils refusent de dire la vérité, il peut justement les faire resserrer. Mais ces indices sont-ils fixés par la loi ? non ; ils dépendent absolument du juge. La volonté la plus arbitraire décide donc chez nous de la liberté non-seulement de l'accusé, mais encore de tous les citoyens qui ont un rapport même éloigné avec lui.

C'est surtout dans la procédure des plus graves délits, que l'arbitraire de l'enquêteur prend un plus grand essor. Il suffit qu'on puisse être informé d'un délit, pour être emprisonné, lorsqu'il

_____

mériterait aussi des considérations d'un philosophe: il serait temps qu'une main hardie et ferme osât enfin lever, aux yeux de tous, le voile abominable qui couvre ses iniquités.

y a eu un meurtre de commis. Les voisins, les amis, tant du coupable que du mort, sont également arrêtés. Les mains de l'enquêteur sont, en pareil cas, entièrement libres; aucun lien ne les retient; et il n'y a aucune sureté pour la liberté civile.

Mais d'un autre côté, sans ces violences, trop nécessaires, les graves délits resteraient à jamais impunis. La corruption générale légitime ici la violence publique ; la nécessité fait ici l'apologie du désordre ; car les témoins sont toujours récalcitrans à dire la vérité, et cela pour plusieurs raisons.

La première, c'est que le peuple, n'ayant aujourd'hui aucuns principes fixes et stables d'une vraie morale *,

---

* *Les principes fixes et stables d'une vraie morale !* Ne pourrait-on pas mettre en question si réellement nous avons une morale? Il y a aujourd'hui en France, en Italie et ailleurs, beaucoup de moralistes; mais la morale! elle est encore loin de nous. L'unanimité d'opinions sur les principes de l'honnête, du bien,

est imbu de l'opinion erronée, et généralement répandue, que c'est un acte de piété de sauver un coupable ; qu'on peut, pour cela, taire la vérité, et même se parjurer : principe, au contraire, d'une morale corrompue, qui nous vient, si je ne me trompe, du gouvernement féodal, sous le règne duquel, protéger même un coupable, lorsqu'il implorait la protection du puissant, fut regardé comme un point d'honneur chevaleresque (1).

En second lieu, c'est la facilité qu'il y a de corrompre les témoins *de la main à la main*, pour soustraire la connaissance des délits. Cet inconvénient a sa source dans nos anciens malheurs.

Les habitans des deux Siciles, ce

de la justice, &c. voilà ce qui constituerait sur des bases indestructibles un corps de morale; voilà ce que nous ne pourrons jamais obtenir que de la régénération absolue de l'éducation politique de tout le corps social, et par conséquent de nos moeurs.... Mais ce n'est pas ici le lieu d'étendre ces idées.

(1) Deuxième essai politique.

royaume

royaume si fertile, ont été divisés, pour ainsi dire, en deux classes. La première contient les feudataires et les ecclésiastiques qui possèdent tout; la seconde, un peuple excessivement pauvre et avili. Dans cette dernière classe, qui est la plus nombreuse, il n'a pu se former ni mœurs, ni probité *, ni aucune éducation. Les pauvres et les opprimés sont toujours vils; les oppresseurs orgueilleux et fiers; et les uns et les autres sont éloignés des mœurs civiles, et de la vertu sociale. Les esclaves et les despotes sont également des hommes

---

* A la rigueur près de ce qui concerne le moral dans ce tableau, et qui demanderait des modifications de détail, il ne faut qu'ouvrir l'Histoire, pour en trouver la ressemblance ailleurs qu'en Italie. Tout d'un côté, rien de l'autre : tel a toujours été au physique le partage des hommes, par tout où les grands se sont crus d'une autre essence que les petits, par tout où les forts ont pensé que l'oppression du faible était un appanage inhérent à leur puissance, &c. Il n'y a qu'une forme de gouvernement bien solide, et une fois pour toutes, bien constitutionnelle, qui puisse entretenir le juste équilibre sans lequel tout corps social périclitera toujours.

K

dégradés. L'homme vil, comme l'indigent, qui ne peuvent avoir cette vigueur que demande la vertu, acquérir les connaissances qui fortifient l'honnêteté, cèdent facilement, pour satisfaire, aux besoins de la nature, au corrupteur qui les tente.

Pour celui qui ne connaît d'autres jouissances que la plénitude de son pouvoir et de ses richesses, il a le coeur endurci et fermé à tout mouvement de compassion et de pitié, à tout élan de bienfaisance, sentimens qui sont la base de toute vertu.

Au milieu de cette immense inégalité de fortunes et de vicissitudes d'opulence et de pauvreté, il était également impossible que l'amour du bien public prît racine. Ce sentiment dérive de l'instruction que les pauvres ne peuvent jamais se procurer. Il naît de l'attachement à la constitution de l'état, *Or, il n'y a point de constitution, par tout où la voix et la force des lois et des magistrats sont sans vigueur, par tout où la prépondérance dispose de tout, où par conséquent on ne connaît pas la liberté civile.*

Ce sont là les anciennes raisons pour lesquelles le gouvernement vice-royal n'ayant connu chez nous ni la liberté civile, ni l'ordre, ni le bien public, tout a été soumis à la puissance, tout a été en proie à la corruption. Quoique la sagesse des princes, sous le gouvernement desquels nous avons eu depuis le bonheur de vivre, extirpe peu à peu les causes de tant de désordres, les effets s'en feront cependant encore ressentir pendant long-temps, comme les oscillations des cordes harmoniques durent même après qu'on a cessé de les toucher.

Ainsi donc dans le système actuel on tire difficilement, sans une certaine violence, la vérité de la bouche des témoins exposés à la corruption. La violation de la liberté civile est, en un tel état de choses, un sacrifice inévitable qu'on fait à la sureté publique.

CHAPITRE XXI.

Des jugemens sur dépositions par écrit.

PARCOURONS rapidement tous les désordres de la procédure *inquisitoire* actuelle.

L'empereur ADRIEN ordonna que dans les jugemens criminels on n'ajoutât aucune foi aux dépositions par écrit; qu'on n'eût seulement égard qu'aux témoignages prêtés de vive voix (1).

La raison de cette loi est que l'écriture, comme le dit SOCRATE dans PLATON, est morte, et ne nous parle qu'en partie; c'est-à-dire par l'entremise seulement des idées que ses caractères réveillent en nous. Elle ne satisfait pas entièrement notre curiosité; elle ne répond pas à nos doutes; elle ne nous présente pas les aspects infinis et

______

(1) *L. III. D. de test.*

possibles de la chose même. Dans une déposition de vive voix, le visage, les yeux, le teint, le mouvement, le ton même de la voix, la manière de dire, et tant d'autres diverses petites circonstances, modifient et développent le sens des paroles générales, et en font autant d'indices en faveur ou contre la déposition : tout parle à l'enquêteur. La langue muette, l'éloquence du corps, pour me servir des mêmes termes que CICERON, est plus intéressante que la langue parlée, que l'éloquence même des mots : elle est aussi plus véridique, elle peut moins cacher la vérité. Les différentes modifications dont nous venons de parler, s'évanouissent dans l'écriture muette, et le juge manque, par là, des indices les plus clairs et les plus certains.

L'interrogatoire qu'on fait subir à un témoin en personne, est une véritable, mais douce torture, par laquelle on lui arrache la vérité. Il n'est guères possible que l'homme se soit fait du mensonge un système si suivi, qu'il influe sur toutes ses idées. Ainsi, les questions détournées qu'on peut faire à un témoin, ses réponses à ces questions, donnent toujours quelques preuves de la vérité, ou de la fausseté de tout ce qu'il a déposé.

Les idées de l'esprit humain sont liées entre elles. Une fausseté dans une proposition, une fois admise, doit être en contradiction avec la suite des idées qui forment l'universalité des connaissances. ARISTOTE et LOCKE sont les seuls qui auraient pu mettre de la cohérence dans un système imbu d'erreurs et de mensonges. Mais la nature ne reproduit de tels hommes qu'après l'intervalle des siècles.

Le juge doit donc chercher la vérité des faits sur le visage des témoins, dans leurs différentes réponses, et dans leur manière de s'exprimer. Cela lui est d'ailleurs prescrit par les sages dispositions du droit romain (2). Il ne doit

(2) *Ideoque divus* ADRIANUS JUNIO VARO *legato provinciae Ciciliae rescripsit. Cum qui judicat magis scire*

pas, parce qu'il y a le nombre juste de témoins, parce que l'ordre et la justice publique le sollicitent, se presser de rendre son jugement. Il ne suffit pas, lorsqu'il n'y a point de coupable apparent, que deux témoins attestent un délit; il faut avoir de tels indices et de telles preuves de la vérité, qu'elles portent une entière conviction. C'est dans cet esprit qu'il est réglé, par la IVe loi du code *de testibus*, que les seules dépositions de témoins ne doivent pas suffire pour faire condamner l'accusé, si de valables preuves ne fixent pas l'incertitude du juge (3).

On voit clairement, par tout ce que

posse, quanta fides sit adhibenda testibus. Verba epistolae haec sunt. " Tu magis scire potes quanta fides adhi-
" benda sit testibus. Quin et cujus dignitatis et cujus
" existimationis, et qui simpliciter visi sunt dicere. Utrum
" unum, eundemque et praemeditatum sermonem attule-
" rint. An ad ea, quae interrogaveris, ex tempore vel
" similia responderit. L. 3. D. de test. "

(3) *Solam testationem prolatam, nec aliis legitimis adminiculis adprobatam, nullius esse momenti certum est.*

nous venons de dire, combien de connaissances il manque aux juges pour bien juger dans le système dont nous parlons. Je me borne à indiquer les maux qui accompagnent la procédure *inquisitoire*, même quand le juge est convaincu, à l'évidence, que les témoins ont vraiment dit ce que contient la déposition écrite. La théorie du calcul des indices fera tout-à-fait connaître quel degré de confiance on doit avoir pour les témoignages par écrit. En supposant le greffier incorruptible et intègre, la probabilité de la preuve, probabilité qui naît de la confiance qu'on peut avoir aux témoins, n'en est pas moins très-affaiblie, puisqu'elle décroît d'autant plus qu'elle passe par plus d'intermédiaires, avant de parvenir au juge. Le greffier est ici un témoin unique qui dépose pour tous les autres. Nous n'avons donc que la déposition des dépositions, la probabilité des probabilités, qu'une ombre de preuve.

Qu'on calcule ensuite quels changemens, quels aspects différens peuvent produire certains mots; combien par d'autres, énoncés de telle ou de telle manière, on peut affaiblir le témoignage des témoins dont un greffier, accoutumé à subtiliser, nous transmet les idées. Une ponctuation différente, une syntaxe altérée, changent entièrement le sens des paroles, sans compter les inadvertances et les erreurs de mémoire que nous ne faisons pas entrer dans notre calcul, de peur qu'en réduisant la probabilité, qui résulte de la procédure par écrit, à *zéro*, nous ne paraissions pousser trop loin le paradoxe.

Un autre désordre qui résulte de la procédure par écrit, et qui certainement n'est pas petit, est celui que nous allons exposer le dernier.

Lorsque les témoins sont interrogés en présence de ceux qui doivent juger, toutes ces contradictions, qui naissent ou des erreurs de mémoire, ou d'une manière impropre de s'exprimer, peuvent se concilier ensemble, sans qu'on fasse aucun tort à la vérité. Il ne s'agit que de rappeler à la mémoire des témoins la série précise et distincte des faits. Ils pourront alors se redresser eux-mêmes, employer des expressions plus propres à la chose. Le juge présent distinguera les erreurs de la mémoire et de la langue des vices du cœur. Mais dans une information *écrite*, il faut ou que les paroles des témoins, pour la plupart idiots et ignorans, soient fidellement écrites, et alors la contradiction démentira leurs dépositions; ou que leurs idées soient disposées en meilleur ordre par *l'inquisiteur*, et alors on jugera sur ce qu'aura dit ce dernier, et non sur les dépositions exactes des témoins.

CHAPITRE XXII.

De la scolastique métaphysique du barreau, relativement à l'examen (*) et à l'admonition du coupable.

APRÈS avoir traité de la formation fiscale du procès, je devrais dire un mot de l'emprisonnement et des inconvéniens qui s'ensuivent, au préjudice dès accusés : mais il sera plus à propos que nous en parlions ci-après, lorsque nous nous occuperons de tous les préjudices

---

* Cet examen est précisément l'interrogatoire de l'accusé. C'est l'acte par lequel *l'inquisiteur* ou le *fiscal* termine son instruction juridique. C'est par cet acte qu'il le *constitue* coupable. Au lieu que chez les Romains le jugement commençait par là. L'interrogatoire, l'examen de l'accusé était le premier des actes juridiques, celui qui donnait lieu à tous les autres, et sans lequel il n'y eût point eu de procédure. Il en est de même encore aujourd'hui en Angleterre.

qui résultent de la procédure en général.
Passons à la déposition du coupable.

D'après les principes du système fiscal, on interroge le coupable, c'est-à-dire, on le questionne sur les faits qui forment les indices fiscaux. S'il nie, *on lui donne l'admonition* : c'est ce que la barbarie du barreau appelle *monitus*. Après qu'il a été *admonété*, sous peine de parjure, de confesser le délit, la guerre judiciaire commence, pour me servir de l'expression des docteurs. C'est là la première attaque entre le coupable, le fisc et l'accusateur, et alors les raisons des deux derniers acquièrent une nouvelle force.

Cette *admonition* renferme tout le système fiscal, système que le fisc a toujours regardé comme infaillible, et les docteurs comme sacré : et c'est cette opinion qui a donné lieu à la doctrine erronée dont nous avons parlé ci-dessus, et d'après laquelle on croit que tout témoin admis par le fisc est un *évangéliste*, et par conséquent que s'il déposait en faveur du coupable, il renverserait toutes les preuves fiscales.

Nos docteurs ont fabriqué à ce sujet un argument métaphysique, qui est une nouvelle subtilité scolastique. „ Dans „ *l'admonition*, disent-ils, le fisc passe „ un contract avec le coupable, par „ lequel le premier promet au second „ qu'il le jugera d'après *telle position des* „ *faits*, et qu'il ne pourra être condamné „ que conformément à *l'admonition*, „ c'est-à-dire d'après *le fait fiscal.* „ De manière que si cette *position* est renversée en totalité, ou qu'elle ne s'écroule même qu'en partie, le coupable ne doit pas craindre la loi, dont les menaces deviennent alors inutiles et illusoires. Ils ajoutent que „ par *l'admonition* le „ fisc s'impose une loi immuable dont „ il ne peut jamais se départir. „

Avant de rechercher quelle est la source impure de ces erreurs, examinons l'insuffisance et la frivolité du raisonnement qui les a consacrées comme un objet d'idolâtrie.

Quel est donc ce contract, ce fantôme imaginé par les docteurs?

Le fisc n'est autre chose qu'un accusateur public, l'exécuteur de la loi. Or l'exécuteur de la loi ne peut ni dispenser de la moindre de ses parties, ni l'altérer. Un criminel doit à l'état un exemple de châtiment. Il a, par son délit, contracté avec la société l'obligation de le lui donner. Cette obligation ne peut donc être détruite, ou changée de nature, par le fait de l'avocat du fisc.

Nos légistes n'ont jamais distingué les différentes fonctions de la souveraineté, la faculté *législative* de la faculté *exécutive*; ils ont toujours confondu les idées que présentent ces deux *pouvoirs*. Entièrement livrés à l'étude du droit privé, ils n'ont eu aucune notion, ils sont restés dans l'ignorance la plus crasse du droit public.

Ce prétendu contract, et cette loi que le fisc se dicte à lui-même, ne sont donc qu'un *rêve*, qu'un *sophisme judiciaire*. Personne ne s'impose proprement une loi. Il faut être souverain pour en promulguer; et c'est alors pour ses sujets qu'elles sont faites.

Mais laissons là ces monstrueuses opinions, et considérons le développement de la *position fiscale* dans *l'admonition*, du côté même qui peut être le plus favorable à ce système. Nous trouverons que cet acte (*l'admonition*) peut équivaloir à l'accusation des anciens jugemens, accusation qui était intentée en vertu de la loi qui voulait la condamnation de l'accusé.

Mais quoique dans ces temps-là on dût exprimer dans le *libelle d'accusation* quelques circonstances particulières, comme l'année, le lieu dans lesquels le délit avait été commis, l'accusateur cependant n'y tissuait pas l'histoire entière du fait, n'entrait pas dans tous les détails, comme cela se pratique dans *l'admonition*.

Voilà précisément d'où naît le désordre; voilà ce qui ouvre au coupable une facilité de se sauver. En effet lorsque *l'exposé fiscal* se trouve en partie faux, tout le système s'écroule (ce qui fait que la vérité reste ensevelie) : et cependant plusieurs circonstances peuvent n'être pas exactes, sans que pour cela le fait principal cesse d'être vrai. Aussi dans les jugemens romains, en déduisant l'accusation, déduisait-on, en général, le délit, et les circonstances étaient-elles fixées par l'interrogatoire et par la confrontation des témoins.

Quelle fut la source de la fausse méthode dont nous parlons? Dans les temps barbares, le serment était une des épreuves divines. Les ecclésiastiques, qui s'opposèrent fortement au duel et aux autres jugemens divins, retinrent celle-là pour preuve juridique, qu'il était naturellement de leur compétence d'apprécier. Les Grecs et les Romains se prévalurent beaucoup de la religion (1) du serment. Chez eux les témoins non assermentés n'étaient point reçus à déposer. Mais la justification du coupable

(1) MACCH.

par

par le serment, cette purgation canonique fut totalement inconnue, tant
sous les empereurs que dans les temps
heureux de la république. Ce ne fut que
dans les temps barbares qu'elle vint
suppléer la vraie preuve légale. Le droit
canonique la prescrivit ensuite (2), et le
barreau l'adopta.

Telle est l'origine de l'*admonition*. „ Le
„ serment exigé des accusés et l'*admoni-*
„ *tion* qu'on leur donne pour les engager
„ à confesser la vérité, disent nos doc-
„ teurs, est une torture spirituelle. La
„ véritable torture, la torture physique
(qui est un des jugemens divins, et dont
l'usage, à la honte du siècle éclairé dans
lequel nous vivons, subsiste encore (3)
dans presque tous les tribunaux du
monde) contraint, par la force, l'accusé
„ à confesser le délit: la crainte du
„ parjure ne fait violence qu'à l'esprit.
„ Il faut donc reprocher au coupable

(2) Cap. XVII. X. *de acc.*
(3) Essais politiques.

L

,, tout ce qui a été constaté par le fisc;
,, et, par la force du serment, ou par
,, la crainte du parjure, qui encourt
,, une prompte punition du ciel, pous-
,, ser l'esprit de l'accusé à dévoiler son
,, propre délit.

C'est ainsi que raisonnent nos docteurs. (4).

(4) Dans l'origine, l'*admonition* fut le même acte
que le *récolement* des témoins. Elle ressemblait à la
confrontation et au *conflit* * dont on usait dans les
anciens jugemens romains , et que l'on conserve
même encore dans la procédure militaire. Si le coupable niait, on lui reprochait son parjure, et on
introduisait en sa présence le témoin qui lui soutenait la vérité en face. Voici en quels termes se
trouve exprimée l'*admonition* qu'on fit au comte de
MELITO, qui, dans le procès fait et intenté contre
les barons rebelles, par les ordres de FERDINAND I
d'Aragon, procès déjà plusieurs fois cité, niait quelques circonstances de la conspiration et de la rebellion : *Et en disant audit déposant que ledit* ROGER
CONZA *est retourné à Naples , et a déposé la vérité comme
elle s'est passée; de quoi ledit déposant dépose le contraire;
qu'ainsi, il prenne bien garde et pense à ce qu'il dit :*

* Ce conflit est le combat, le *contraste* qui s'éle-
vait entre l'accusé et les témoins, lorsqu'on les oppo-
sait entre eux.

Dois-je développer les absurdités, relever le peu de solidité d'un tel raisonnement? La foule d'erreurs que renferme cette doctrine erronée ne se manifeste-t-elle pas assez d'elle-même?

On suppose d'abord que le coupable est obligé de déposer contre lui-même. On croit que le juge a le droit de lui arracher un secret, dont l'aveu doit être fatal à sa liberté et même à sa vie. On veut qu'une confession extorquée, ou

qu'en taisant le vrai, il sera confronté, lui déposant, audit ROGER. *Pour quoi le déposant reconnaissant avoir caché la vérité, et fait un faux serment, en fait sa coulpe à Dieu et au monde, et pour cela veut dire la vérité du fait.*

Et ensuite: *Quoniam ex repetita praecedenti depositione dicti Don* PAULI *demonstratur aperte quod comes mileti tacuit veritatem, et inde facta affrontatione dicti Don* PAULI *cum ipso comite, et lecta sibi ac data intelligi eidem comiti depositione ipsa de verbo ad verbum, fuit que propterea cum juramento interrogatus debeat dicere veritatem stante praesentia ipsius Don* PAULI.

L'admonition et la *confrontation* furent donc, dans le principe, la même chose. Mais l'ancienne méthode fut beaucoup plus utile que ne l'est la méthode actuelle, quoique celle-ci ait cependant adopté la confrontation de témoins.

par la douleur ou par la crainte, ait la valeur d'une preuve convaincante. On invente pour cela une torture spirituelle. Telles sont cependant les monstrueuses erreurs, la fausse théorie que nous venons d'exposer.

Mais, ou elles se manifestent d'elles-mêmes, ou elles ont été démontrées par de doctes philosophes, dont l'amour de l'humanité a dirigé et animé la plume. Je n'ajouterai rien sur la confession des coupables, ou spontanée ou extorquée, à ce qu'en a dit fort au long, avec tout le feu de son style énergique, le savant chevalier FILANGIERI. Laissant de côté ce qui a déjà été exécuté par des hommes de mérite, et ce qui doit résulter de la théorie de notre calcul moral, je m'arrête seulement à combattre une autre opinion qui domine l'esprit des docteurs, et arrache les plus fameux coupables des mains de la justice.

C'est un dogme reçu au barreau que le juge ne peut décréter, examiner

(*constituere*) un accusé, sans indices suffisans : dogme établi, mais qui n'est étayé ni par les lois, ni par la raison. Quand le juge examine, interroge un tel sans indice, disent les docteurs, ils *l'a pour coupable*, et conséquemment *l'entache d'infamie*. Or, on ne doit violer aucun des droits du citoyen; on ne doit pas offenser le droit précieux qu'il a à l'estime publique, lorsqu'aucuns indices de délit ne concourent point à le lui enlever. Il n'est donc pas permis de *mander* l'accusé, si les indices acquis contre lui n'en donnent pas le droit au juge.

Quelles fausses conséquences d'un principe erroné !

Quand un juge *mande* un accusé, il ne lui apporte aucune injure. Il ne le rend pas coupable, quand il recherche le délit qui est encore dans l'obscurité. Un juge a le droit de vérifier ce qu'avance un accusateur. Ainsi il interroge le premier pour savoir s'il est d'accord ou non avec ce dernier. S'ils conviennent tous deux du fait, on discute sur le droit. Mais si le fait est nié, il faut alors en venir aux preuves.

Le magistrat n'aurait donc pas le droit de surveiller les actions des citoyens, et de chercher la vérité des faits? Quelles absurdités ont imaginées ces hommes auxquels on a donné le nom de docteurs! On n'entendit jamais rien de semblable dans les jugemens romains. Le premier acte juridique, comme nous l'avons dit dans l'historique de la procédure romaine, était l'interrogatoire de l'accusé. Il suffisait du seul *libelle d'accusation* pour provoquer cette formalité, qui est le commencement, l'ouverture du jugement. Interroger l'accusé, c'est purger l'accusation. Or l'accusation n'apporte aucune injure. Il n'y a que la condamnation qui entache. L'irréprochable CATON fournit d'autant plus de preuves et de témoignages de sa vertu, qu'il essuya plus d'accusations. C'est la perte de l'honneur, et non les attaques qu'il éprouve, qui nous dépouille de la considération publique.

Une erreur une fois adoptée, un désordre une fois établi, entraînent après eux la chaîne inévitable d'une infinité de maux. On donna à la procédure *inquisitoire* force de preuve légale; on condamna l'accusé en vertu de cette preuve. On voulut interroger le coupable conformément aux lois romaines; on forma un monstrueux mélange de procédure *inquisitoire* et de procédure *accusatoire.* L'interrogatoire n'est plus cet acte indifférent en lui-même qui ouvrait le jugement; il devient un acte solennel par lequel un juge *intimant* à l'accusé le crime qu'on lui impute, et le lui reprochant en face, veut en arracher l'aveu de sa propre bouche, pour ajouter du poids à une preuve dont il se défie lui-même.

Les indices requis pour le *décret* et pour l'*admonition* de l'accusé sont des *indices à torture.* Car si l'*admonition* est une torture spirituelle, on n'en peut rien inférer aux termes des lois, sans les indices suffisans. D'où il résulte que le concours de preuves nécessaires pour qu'un jugé puisse faire appliquer un coupable *à la question*, donne aussi le droit de le *décréter*, et de lui donner *l'admonition*.

Quel assemblage d'erreurs à l'appui l'une de l'autre! Quelle logique destructive de toute raison! Et cependant l'innocent et le coupable sont également promenés dans ce ténébreux labyrinthe. Souvent celui-là y reste engagé, tandis que celui-ci trouve les moyens de s'en dépêtrer.

CHAPITRE XXIII.

Du récolement des témoins.

Après le *décret* et l'*admonition*, on discute le procès; on accorde à l'accusé le temps nécessaire pour sa défense; et l'on procède au récolement des témoins.

Nous avons ci-dessus indiqué l'origine de cette dernière formalité; nous allons à présent en démontrer l'inutilité.

Cet acte se réduit à une pure formalité. Il ne fait que prolonger le jugement, et n'est d'aucune utilité à l'accusé, qui souvent, avec raison, tient les témoins pour *récolés*; ne lui est d'aucune utilité, parce que rarement, ou jamais, les témoins ne se dédisent, sans qu'il n'en résulte leur propre perte.

L'esprit sophistique du barreau veut que le système fiscal soit sacré, que la procédure soit *indivisible*, que tout témoin examiné soit accepté par le fisc, et en conséquence regardé comme *vrai.* Si dans la confrontation celui-ci se dédit, le système fiscal va s'écrouler. Il faut donc apposer un appui à ce vacillant édifice. La prison et la peine attendent le témoin parjure.

Mais un subalterne corrompu aura mis dans la bouche d'un témoin, induit à erreur, les paroles suggérées par l'accusateur? Après l'information faite, répondent les docteurs, on ne croit plus qu'au *notaire* de la cause, et non aux témoins. Quand, au surplus, les témoins ne ratifient pas les dépositions écrites, s'ils ont déposé devant le juge, ils sont tous parjures, ils sont tous resserrés dans le fond d'une prison. Mais comment se fier à la mémoire du juge, souvent affaiblie par la multiplicité des affaires et par le laps du temps? C'est nécessairement sur la foi du greffier que celle du juge est appuyée.

Un témoin qui s'est dédit dans le jugement d'un délit atroce, doit au moins être appliqué *à la question.* La douleur aiguë de la torture épure l'esprit de l'homme qui a déguisé la vérité, comme le feu épure les métaux; elle purge le parjure, et la première déposition, confirmée au milieu des cris et des pleurs de la torture, sera la preuve claire, en vertu de laquelle le système fiscal reprendra toute sa vigueur, en vertu de laquelle l'accusé recevra la peine *ordinaire* (1).

Cela posé, quel est le martyr de la vérité? quel est le témoin intrépide qui ne voudra pas confirmer, soit la déposition qu'il a déjà faite, à l'instigation de la partie qui l'a corrompu, soit la déposition que le greffier a rédigée, à son gré, dans l'information?

A quoi sert-il donc que l'acte inutile du récolement des témoins subsiste toujours dans la méthode actuelle, puisque celle-ci donne force de preuve légale à l'enquête, et qu'elle forme un système fiscal?

____

(1) Voir dans nos Essais politiques ce qui concerne la torture.

CHAPITRE XXIV.

Du nombre et de la récusation des juges.

Après le récolement, il y a lieu à un délai qui est commun à l'accusé, au fisc et à l'accusateur. Il est donc temps de parler des défenses de l'accusé. Mais avant de passer aux défenses de fait, c'est-à-dire aux preuves par lesquelles on détruit l'assertion de l'accusateur, examinons celles de droit, qui naissent des exceptions proposées par l'accusé même. Parlons de la récusation des juges, récusation qu'on propose immédiatement après le décret du coupable.

Il convient que ceux qui doivent juger de la vie et de la liberté des citoyens soient réunis dans le plus grand nombre possible.

D'abord l'affaire en sera mieux examinée sous tous ses aspects, parce que chacun fera attention à ce qui sera échappé aux autres, de sorte que les *données* sur lesquelles tombera le jugement, étant plus nombreuses, celui-ci sera plus sûr et plus exact.

En second lieu, rien ne refrène plus *l'arbitraire* que la réunion de plusieurs juges ; et il est d'autant moins à craindre dans chaque membre d'un tribunal, que ceux qui le composent sont en plus grand nombre.

La liberté de récusation est un asile sacré contre l'oppression, et le plus ferme appui de la liberté civile. Celui qui doit être jugé par un juge qu'il regarde comme son ennemi, ou qu'il croit prévenu pour son adversaire, n'aura jamais de confiance dans les lois. Le concours de plusieurs juges, et la libre faculté de récuser quel que ce soit de ces juges, sont donc le soutien de la liberté civile.

Les lois qui ont adopté un parti mitoyen, c'est-à-dire, qui, en accordant la faculté de récuser, ont réglé qu'on fût obligé de prouver ou l'inimitié, ou les motifs de l'inimitié des juges qu'on récuserait , n'ont pas obvié aux maux auxquels elles voulaient remédier. Pour peu qu'on soit versé dans la jurisprudence, on sait combien il est difficile de prouver un fait. Or, quelle entreprise épineuse ne serait-ce pas que de chercher à réduire à la clarté d'une preuve légale les affections de l'ame, qui sont si secrètes et si cachées chez les hommes circonspects et prudens , tels que le sont ordinairement les gens de loi, qu'elles n'éclatent jamais en dehors? Les nuances de nos affections, soit que celles-ci soient modérées, soit qu'elles passent les bornes de la justice, les nuances de nos affections sont insensibles ; non-seulement elles échappent souvent à l'attention ordinaire, mais encore à l'observation même scrupuleuse de ceux qui sont agités de ces mouvemens. Comment pourraient-elles donc se manifester clairement à d'autres?

Comment, en effet, pourrais-je mesurer moi-même les degrés de ma faveur pour l'un des plaideurs, et m'apercevoir exactement si ma propension est telle qu'elle me pousse au-delà de mon devoir? Je ne dis rien là qu'on ne puisse éprouver dans un jugement.

Il est également difficile de prouver les motifs de l'inimitié. Les causes et les erreurs de nos affections, les motifs de nos actions morales sont souvent incroyables ou par leur singularité, ou par leur petitesse, disproportionnée avec les effets qui en résultent. Souvent ces motifs sont si compliqués, que le plus subtil penseur ne pourrait les développer *.

---

* Il y a quelques années que l'auteur de cet ouvrage défendit, par ordre de la chambre royale de Naples, » un coupable qui avait commis un barbare et cruel » homicide. Il avait massacré un enfant, par le seul » motif d'obtenir la grâce signalée d'être inscrit dans » la compagnie d'une de ces troupes de vagabons qui » battent les campagnes, et qui ne voulaient l'admet- » tre en leur société qu'après qu'il se serait signalé par

Quant aux petites causes qui altèrent l'ame, j'en appelle à l'expérience de tout le monde. Souvent l'aversion et même la haine pour une personne croît en nous par degrés et par une suite de petites raisons auxquelles nous ne nous donnons pas la peine de faire attention, ou que décemment nous n'osons pas avouer.

L'oeil du public a une certaine force magique qui nous transforme tous en héros, et fait disparaître en nous l'homme privé, ses faiblesses et ses ridicules. En public nous prenons de nous et des autres une idée plus grande, plus relevée; nous nous dépouillons des petitesses de l'homme, et l'amour propre étend un voile épais sur tout ce qui pourrait nous humilier.

Il y a plus: la force des motifs moraux

„ quelque grand délit. Or, qui aurait jamais cru pos-
„ sible un pareil motif? **

** Quoique ce fait fasse partie du texte dans l'original, j'ai cru qu'il serait mieux placé ici en note dans ma traduction.

ne

ne peut précisément se calculer, parce qu'elle dépend de la nature du tempérament, et de l'état présent de la machine. Le même motif agit différemment dans les différens tempéramens, et selon les différens états où se trouve l'homme. Ce qui fait une légère impression sur les tempéramens tranquilles ou lents, produit de très-graves altérations dans les tempéramens colériques, dont la fibre trop tendue, et irritable outre mesure, éprouve au moindre choc de très-fortes oscillations. Nous observons tous les jours par nous-mêmes que lorsque nos humeurs sont en mouvement, ou que nos fibres sont irritées par la douleur, nous sommes plus facilement portés à la colère, et que notre esprit s'enflamme pour des choses, qui, dans un autre temps, ne feraient sur lui que peu ou point d'impression. C'est qu'alors nos fibres sont plus tendues et plus oscillatoires.

De petits motifs opèrent donc de grands ou petits effets, selon notre état.

M

Comment donc démontrer les causes de la haine, quand elles sont le résultat d'un motif moral, et de l'irritabilité momentanée des fibres ?

Ces motifs sont souvent tellement composés, que nous ne pourrions nous-mêmes les développer et nous en rendre un compte détaillé. Indépendamment des motifs de haine ou d'amour qui viennent du fait des hommes, il y en a de plus puissans, qui naissent de la structure physique et du tempérament des individus. Comme il y a des conformations si analogues entre elles, qu'il paraît qu'il n'y ait dans deux hommes qu'un même système et un même ordre de solides et de fluides; de même aussi il y a des structures entièrement contraires, dans lesquelles les mouvemens sont également tout-à-fait opposés entre eux. Or, nos sensations, nos appétits qui en sont l'effet, les modes mêmes de notre intellect étant toujours analogues à la qualité de nos mouvemens physiques, et à notre tempérament, c'est des différentes modifications de notre machine que dérive la diversité opposée d'esprits, de goûts, et de façons de vivre : d'où il arrive que les hommes sont souvent amis ou ennemis par instinct, et que quelques-uns même, dès la première fois qu'ils se voient, s'aiment ou se haïssent tout-à-coup. Ceux qui ont le plus de sensibilité, ceux qui reçoivent le moins d'impulsion des rapports compliqués de la société, sont beaucoup plus facilement émus par cette analogie, ou cette opposition dans le système des fibres.

Qu'on dise actuellement si l'on peut jamais déduire dans un jugement cette inimitié, cette aversion naturelle, si elle peut jamais être réduite en preuve judiciaire. Je rapporterai à ce sujet les paroles de l'auteur du code criminel anglais, code que nous avons déjà eu occasion de citer. *Nous éprouvons, dit-il, des impressions subites, des préjugés favorables qui nous viennent, sans en savoir la raison, de l'air, du regard, du port d'une personne. Or, il faut que l'accusé,* qui est naturellement intéressé à défendre sa vie, ait une bonne opinion des jurés qui doivent le juger; autrement il serait grandement troublé. *La loi ne veut pas qu'il soit jugé par un homme contre lequel il est prévenu, encore qu'il n'en puisse rendre la raison* (1).

Il est aisé de voir, par tout ce que nous avons dit jusqu'ici, combien il est difficile de prouver l'inimitié par des faits, et combien il l'est encore davantage de mettre au jour les motifs de la haine et de la faveur. Ainsi toutes les fois que les lois exigent qu'en fait de récusation, on démontre les motifs qui la font proposer, on ne peut pas dire jusqu'à quel point elles sont favorables à la liberté civile.

C'est pour cette raison que la récusation est libre chez les anglais, comme elle l'était chez les romains. Il suffit de dire : *Je ne veux pas d'un tel pour juge.* Mais chez nous la *suspicion* a besoin de preuves. Elle est un jugement *incident*

____

(1) Cod. crim. tit. 2, chap. 28, §. 7.

dans le jugement, une cause agitée dans la cause principale. Elle ne fait que prolonger les *affaires*, et ne rassure pas assez la liberté civile. Nos lois, jalouses de protéger cette liberté civile, ont accordé la faculté de récuser même les magistrats supérieurs; mais empressées de diminuer les longs délais des jugemens, elles ont excessivement restreint cette faculté : de manière qu'elles n'ont réellement ni abrégé les délais, ni établi la liberté de récusation. Incertaines et flottantes entre ces extrêmes, elles ont combiné ensemble les différens maux qui dérivent de l'un et de l'autre excès. C'est ce que prouvera la courte analyse que nous allons donner de ces lois dans le chapitre suivant.

CHAPITRE XXV.

Des suspicions, selon notre système de procédure.

Nos législateurs considérant que la méthode adoptée, relativement aux récusations, prolongeait les jugemens, établirent une peine pécuniaire pour le récusant qui succombe dans l'examen de la *suspicion*. Si la récusation est rejetée, il est imposé à une amende de trente ducats *. Si au contraire elle est admise, et que le récusant perde, il doit payer deux cents ducats. Enfin si la suspicion est proposée contre un magistrat supérieur dans une cause dont

---

* Le ducat, comme toutes les monnaies de l'Europe, a éprouvé différens changemens dans sa valeur, tant fictive qu'intrinsèque. Celui de change vaut de 4 liv. 4 liv. 10 sous à 5 liv.

la valeur passe 5oo ducats, l'amende est double (1).

Or, de telles lois retiennent les plaideurs. Ils n'osent plus proposer de suspicions, parce qu'indépendamment de la peine pécuniaire qu'ils encourent, ils s'exposent encore, s'ils succombent dans ce premier jugement, à l'animosité du juge, qui, pour le plus souvent, demeure leur ennemi, à cause même de la *suspicion* qu'ils ont proposée contre lui : et il n'est que trop ordinaire de voir succomber un récusant : il n'est rien de plus facile pour un tribunal que d'écarter une suspicion. A toutes les raisons qu'on en peut donner, raisons déjà amplement demontrées ci-dessus, se joint encore celle qui résulte de l'esprit de corps. C'est sur la récusation proposée contre un de leurs confrères que les mêmes juges ont à prononcer: comment est-il possible que l'amour propre n'influe pas pour beaucoup dans

______

(1) Fragm. **XV**e *de suspicionibus.*

leur jugement ; surtout lorsque leur pouvoir est arbitraire et presque sans bornes, et qu'il dépend d'eux, sans appel, ou de rejeter la récusation proposée, ou d'accorder au récusant un délai pour faire ses preuves ?

Mais que dirons nous après cela de l'établissement de la Xe pragmatique, sous ce titre, laquelle prescrit *qu'encore qu'on déclare la suspicion légitime, les actes précédemment faits n'en demeurent pas moins pour cela dans leur intégrité, et soient toujours aussi valides que si la suspicion n'eût jamais été proposée ?* Lorsqu'une loi prescrit qu'un accusé soit jugé sur des actes rédigés par un juge passionné, ou pour mieux dire, par son ennemi, par conséquent sur des actes qu'on présume faux, garantit-elle jamais la liberté civile ?

Mais voyons si la dernière constitution, promulguée en 1775, a apporté quelque remède à l'ancien désordre. Elle ôte la faculté de récuser un juge enquêteur avant que l'information fiscale soit complète.

Les désordres infinis qui dérivaient de l'ancien système des suspicions, les délais excessifs, les récusations sans nombre, par lesquelles les coupables puissans trouvaient le secret de suspendre éternellement les informations, sollicitèrent la promulgation de cette loi. Mais elle n'a pas déraciné le mal : et quand on ne commence pas par là, on ne fait que le pallier, en y en substituant un autre plus grand encore. Si auparavant un enquêteur suspect pouvait être arrêté par la récusation, il ne peut l'être aujourd'hui que lorsqu'il a fait à l'accusé tout le mal qu'il était en lui de lui faire. Quoique la constitution même accorde au coupable la faculté de prouver dans ses défenses la trame de la calomnie, quoique celui-ci puisse encore, après le jugement absolu, intenter une accusation contre le calomniateur, tout le monde voit, par notre analyse des jugemens criminels, qu'un tel secours, pour être prêté par la loi, arrive bien tard à un malheureux *macéré* dans les prisons, ou plutôt qu'il est tout-à-fait inutile. Nous parlerons par la suite du peu ou point de confiance qu'obtiennent les défenses de l'accusé.

L'enquêteur reste, il est vrai, exposé à l'offense d'une récusation, c'est-à-dire de la prise à partie, lorsqu'il a foulé aux pieds l'ordre apparent du jugement. Mais qui pourra jamais prouver l'injustice essentiellement réelle, mais tacite et cachée, quand le dol est étayé par l'astuce ? Si l'enquêteur a suggéré à un témoin ce qu'il voulait qu'il déposât, celui-ci doit, pour son propre intérêt, soutenir sa déposition. Que mon lecteur se rappelle ici ce que nous avons dit ci-dessus sur le désaveu des témoins ; qu'il réfléchisse ensuite sur cet oracle du barreau : *un témoin qui dit n'avoir pas déposé ce qui est resté écrit par le greffier, si c'est en présence du juge qu'il a fait sa déposition, ne mérite aucune confiance, encore qu'en déposant le contraire*, *il puisse être puni comme faussaire* (2).

Nous pouvons donc conclure de ce chapitre, que notre système actuel, relativement aux *suspicions*, non-seulement ne garantit pas la liberté civile, mais qu'il prolonge encore nos jugemens, comme nous l'avons dit dans le principe. Il est vrai que la pragmatique XVIIIe, sous ce titre, prescrit que du jour de la récusation, il ne puisse s'écouler plus d'un mois, pour son entière discussion. Mais quand le retard vient du tribunal, comme il arrive toujours, il n'y a plus réellement de terme prescrit.

(2) GIULIO CLARO *question*. 53 *.

* Cet auteur est mis par les Italiens au nombre de leurs criminalistes classiques.

CHAPITRE XXVI.

La liberté de récusation doit-elle avoir lieu dans une monarchie ?

Il ne peut y avoir dans une monarchie qu'un nombre déterminé de juges. Dans les républiques, au contraire, le *collége* des juges est toujours ample et nombreux. Là chaque citoyen étant membre de la souveraineté, doit partager le poids des trois charges souveraines, c'est-à-dire de la législation des jugemens, et de l'exécution des deux autres. Il est juge, soldat et législateur né. Aussi les lois de la république romaine, que la politique ou l'impéritie conservèrent, même sous les empereurs, défendent-elles aux citoyens de refuser la charge publique de la judicature (1).

(1) *Leg. 2. de vacationibus et recusationibus munerum.*

Par cette raison, dans les gouvernemens républicains, on peut élire une nombreuse classe de juges, sans qu'ils soient à charge à l'état. Ils doivent remplir, sans salaire, les charges qui leur sont dévolues. Ils y sont forcés par leur propre intérêt * : par cette raison, dans les républiques la récusation peut et doit être entièrement libre.

Mais dans une monarchie où l'intérêt personnel n'est pas l'intérêt public, où toute charge demande un salaire et des honneurs, où l'inégalité des biens est toujours considérable, où par conséquent le faste et le luxe sont nécessaires, les magistrats ont besoin de gros salaires : ainsi leur nombre doit être plus restreint ; la récusation libre et absolue ne peut y avoir lieu (2).

D'ailleurs, dans une monarchie, on

* Lorsque PÉRICLÈS eut réglé des gages aux juges d'Athènes, les hommes d'état crièrent à la corruption. ARIST. *dans sa politique.* (Cette phrase était dans le texte, j'ai préféré de la reporter ici en note.)

(2) Voyez le cinquième Essai politique.

ne peut pas, pour augmenter le nombre des magistrats, compter sur des juges *du fait*. Indépendamment de la raison donnée ci-dessus, que dans une monarchie il ne peut y avoir de charge sans salaire, il y en a encore une autre.

Dans les états républicains, le peuple est toujours plus cultivé, plus éclairé. Par tout où le peuple partage le gouvernement, son propre intérêt lui aiguise l'esprit, et lui fait acquérir le nombre de connaissances suffisantes pour le développement de son jugement. Le conseil où l'on traite habituellement de la paix, de la guerre, des nouvelles lois, des nouveaux impôts, des devoirs du magistrat, est une grande et continuelle école pour le peuple. Dans les cercles, dans toutes les conversations, ces objets intéressans, en occupant sa curiosité, développent aussi son esprit.

Dans une monarchie il n'y a qu'une seule classe d'hommes qui, par état ou par goût, se livrent à l'étude. Cette classe, toujours limitée et restreinte, peut seule être employée dans les fonctions civiles.

Il ne pourra donc jamais se trouver dans une monarchie le nombre prodigieux de juges *du fait* qu'il y en avait dans l'ancienne Rome.

Et qu'on ne croie pas que ce soit une chose aisée que de juger de la vérité d'un fait ! Suivre les véritables traces d'un délit caché, balancer la valeur des indices, est une chose beaucoup plus difficile que tout ce que comporte l'intelligence ordinaire des ignorans.

Par toutes ces considérations, la liberté absolue de récusation ne peut donc s'introduire parmi nous, où *les juges du fait* et *les jurés* * ne peuvent avoir lieu.

* Je ne sais pas s'il y a des raisons solides de localité qui s'opposent à l'établissement des *juges du fait*, ou des *jurés* dans le royaume de Naples ; mais ce dont je suis intimement convaincu, c'est qu'il serait à souhaiter que le régime judiciaire de toute monarchie bien ordonnée portât cet établissement. La

Quelle est donc la méthode qu'on puisse adopter dans le système actuel des choses? Ce sera là une des principales recherches que nous ferons en son lieu.

France touche au moment heureux de voir régénérer sa législation. Un point aussi essentiel n'échappera pas sans doute aux spéculations de nos publicistes. J'oserai peut-être aussi faire hommage à ma patrie de mes réflexions à ce sujet. Mais je me suis imposé la loi de les restreindre ici. Elles auraient rendu cet ouvrage trop volumineux. L'auteur a voulu le faire court; j'ai du respecter ses vues.

CHAPITRE

CHAPITRE XXVII.

De la compétence des juges.

En parlant ici des exceptions dilatoires qu'on propose en faveur du coupable, avant les défenses de fait, il convient que nous disions surtout un mot de la compétence des juges.

Lorsque la juridiction est divisée en plusieurs branches, et que les juges sont répartis selon les différentes classes d'affaires, il ne survient point du tout, ou que très-rarement, de difficulté sur la compétence des juges. Tout le monde sait alors à quel juge il doit s'adresser pour déduire ses raisons. A Rome la connaissance de chaque délit était dévolue à un *questeur* particulier *; et jamais, ou presque jamais, il n'y eut de conflit entre le questeur préposé au

* Voyez la note page 48.

N

jugement d'un parricide, et celui qui connaissait d'un adultère. Mais lorsque les juridictions sont divisées relativement à la qualité des personnes, ou aux différentes classes de la société, les contestations continuelles sur la compétence des juges multiplient à l'infini les causes, et prolongent les jugemens. Les Romains ne connurent point du tout de si pernicieuses distinctions. La toge et l'épée étaient également soumises à la juridiction du même préteur.

L'opinion des savans est que l'institution funeste de la multiplicité des juridictions est dérivée du gouvernement des Barbares, sous lequel les uns vivant selon les lois romaines, et par conséquent étant assujettis aux jugemens établis par ces lois, les autres étant soumis au droit des Lombards, les juridictions furent toutes personnelles.

Les juridictions personnelles doivent nécessairement multiplier les procès, et prolonger les procédures. L'amour de la domination fait que chaque juge veut étendre sa juridiction. Il n'en est pas ainsi lorsque les juges sont répartis selon les espèces d'affaires. L'extension de pouvoir étant égale en tous, ils ne cherchent pas à aggraver gratuitement le poids de la charge qui leur est confiée; et rarement, ou jamais, y a-t-il à cet égard de contestation entre eux.

D'un autre côté, les personnes peuvent cumuler en elles des qualités plus éminentes que ne le sont les affaires en elles-mêmes. Aussi les plus grands conflits seront-ils ceux qui naîtront de la diversité des personnes.

Mais ces vérités sont assez démontrées; et ce qu'il conviendrait de faire à cet égard pour la réforme des jugemens criminels, est aussi connu que facile.

CHAPITRE XXVIII.

Des aggravations (*).

Nous parlerons ici de toutes les aggravations qui peuvent résulter, soit des décrets interlocutoires, soit des sentences définitives, pour ne pas revenir plus d'une fois sur le même sujet. *L'appellation* est, comme tout le monde le croit, le soutien nécessaire

---

* Je sais bien que le mot *aggravation* a été relégué par les jurisconsultes dans le lexique de jurisprudence canonique; que, synonime d'*aggrave*, il signifie plus particulièrement une censure ecclésiastique qui menace d'excommunication ceux qui, après les trois monitoires d'usage, négligent ou refusent d'obéir à ce que l'Eglise exige: malgré cela, je n'hésite pas à employer ce terme ici, et par tout où il me paraîtra rendre plus exactement celui dont l'auteur s'est servi pour démontrer les *dommages*, *charges* et *surcharges* qui résultent de tous les incidens, de tous les délais, de tous les actes multipliés de procédure dans les diverses juridictions, par lesquelles passent successivement les procès.

de la liberté civile. Il a été dit plusieurs fois que le pouvoir absolu dégénère facilement en oppression, et que celui qui peut tout, peut souvent tout vouloir.

Examinons d'abord le système des appellations, selon les lois romaines.

Quoique dans le temps de la liberté de la république, l'appel eût lieu devant le peuple, on ne trouve cependant presque aucun exemple qu'après l'établissement des *questions perpétuelles*, il en ait jamais été appelé au peuple entier. Lorsque la récusation était libre, et que le nombre de juges était considérable, comme il était difficile que l'accusé fût opprimé, l'appellation était inutile : elle n'eût été qu'une vaine prolongation du jugement. Mais quand ensuite, sous les empereurs, toute voie de récusation eut été fermée, comme on ne pouvait, ainsi que nous l'avons dit, récuser ni le préfet de la ville, ni les présidens des provinces, dans lesquelles s'était passé le jugement, les appellations devinrent nécessaires, et furent, pour cela même, ordonnées par les lois. Mais on mit à cette facilité un certain frein. Il ne fut pas permis de présenter plus de deux fois la même cause par voie d'appel (1). Et, en cela, les lois romaines furent d'accord avec ce que le divin PLATON avait établi dans les VIe. et XIIe. dialogues de son traité *des lois*. Mais ce délai parut encore trop long aux Goths, ce qui porta le roi ALARIC à ne permettre d'appeler qu'une fois (2).

Les lois romaines défendirent même d'appeler des sentences interlocutoires, n'admettant l'appel que dans les cas irréparables de sentence définitive. Mais les décrétales, dont l'esprit fut de multiplier les procès, pour augmenter l'autorité ecclésiastique , accordèrent

____

(1) *L. Un. cod.* ne liceat in una eademque causa. GOTHOFR. ad cod. THEOD. de possessione ab eo qui bis provoc. transf.

(2) *Cassiod.* 9. VAR. 18.

la faculté d'appeler de quelque décret interlocutoire que ce fût.

L'usage a consacré dans notre patrie la méthode du droit canonique. L'esprit du barreau, esprit de chicane, de détour, de cabale, est devenu l'esprit national de Naples et de Rome. Les conquérans du monde, les cultivateurs paisibles des beaux arts et des sciences, sont devenus des plaideurs pointilleux, de célèbres intrigans.

Indépendamment de l'appellation, on imagina toutes sortes *d'incidens*, dont il résulte autant d'*aggravations*, autant de *dommages*. Parmi ces incidens se trouvèrent *les nullités*. Les lois romaines permirent d'attaquer comme nulle la sentence qui était *notoirement* contraire à la loi. Nos pragmatiques admirent la nullité contre un décret qui est expressément opposé ou à la loi, ou à un document authentique produit avant la sentence. Ensuite l'abus, qui a sa véritable source dans la loi même, et dans l'esprit national, a introduit, qu'en cas

N 4

de nullité, on recommençât entièrement à traiter la cause, quoique la sentence ne fût ni en totalité, ni en aucun point, contraire à la loi. Aussi ces nullités sont-elles une des principales causes des longs délais et de la durée éternelle des jugemens. Elles ne prêtent cependant aucun secours à la vérité, puisque la cause se traite devant les mêmes juges, qui, après beaucoup de discussion, ont rendu la première sentence. Si, d'un autre côté, on ajoute de nouveaux juges aux anciens, l'expérience prouve combien il naît de là de longueurs, et combien une telle méthode applanit le chemin à l'arbitraire. Nos législateurs ont imaginé opposer une entrave à l'esprit de chicane des plaideurs, en réglant une amende contre ceux qui succomberaient dans le jugement d'appel sur nullité. Mais ce remède ressemble aux filets dans lesquels on croit arrêter les sangliers impétueux.

Les appellations, les révisions, les

réclamations, les nullités, les restitutions *in integrum*, véritables causes de la perpétuité des jugemens, sont autant de preuves du peu de confiance qu'a la loi dans le système actuel des jugemens. Une affaire traitée d'abord dans une juridiction locale, si elle donne cours à tous les *incidens* (à toutes les aggravations) que la loi permet, peut, lorsqu'elle est portée en dernier ressort pardevant la cour souveraine, peut, les nullités et les appellations comprises, avoir été traitée quinze fois et plus, sans parler des décrets interlocutoires qui ont force de définitif, et par lesquels on pourrait encore être d'autant grévé. Il est vrai que cela n'arrive pas toujours, mais cela pourrait arriver par la disposition même des lois ; et cela arrive assez, pour que la plupart des jugemens deviennent centenaires.

De si grands et si nombreux incidens, en perpétuant les jugemens, privaient la société d'exemples de prompts châtimens. Les désordres forcent les hommes à la prévoyance : mais, selon le principe dont nous avons fréquemment parlé dans cet ouvrage, on passe souvent d'un excès à un autre.

Une marche extraordinaire est tout-à-coup introduite dans les jugemens des grands délits. Toute appellation est entièrement abolie. Cette marche est appelée *ad horas et ad modum belli*. Elle dérive de la *délégation*, qui suspend toute appellation, restreint à deux jours, ou à peu d'heures la défense, et dispense même encore des formalités nécessaires de la procédure.

Dans les temps malheureux de ce royaume, quand l'impunité, fille de la faiblesse de la magistrature, et de la protection que les puissans accordaient aux coupables, soutenait en campagne de nombreuses armées de mauvais sujets, qui assiégeaient les villes, saccageaient les campagnes, s'opposaient en bataille rangée à des troupes réglées, les lois accordèrent aux présidens des provinces cette procédure militaire ;

procédure extraordinaire et étonnante, qui, communiquée aux tribunaux et à la grande cour, devint ensuite, avec le temps, leur procédure ordinaire. C'est une maxime établie par les lois, et reçue au barreau, que dans les jugemens délégués*, on procède *levato velo*, sans ordre et sans formalités, en n'ayant seulement égard qu'à la vérité.

Voilà comme des délais excessifs on passa au défaut de formalités, même nécessaires, au défaut de tout recours convenable; et les délits ne furent pas rares. Dans la pénurie des temps, les ténèbres voilent la vérité; la précipitation fait manquer à l'ordre indispensable : alors ou l'innocent est puni, ou le coupable échappe à la peine ordinaire.

(*) C'est-à-dire, qui s'instruisent par une commission.

CHAPITRE XXIX.

De l'élargissement de l'accusé, sous cautionnement; de sa liberté provisoire; et de sa défense.

Avant que le terme fixé pour la défense de l'accusé ne soit expiré; indépendamment des exceptions dilatoires qui résultent de l'incompétence des juges, des vices de l'action de l'accusateur, indépendamment des autres exceptions qu'on a coutume de proposer, il peut demander, (et même il eût pu le faire avant la concession de ce terme) il peut demander d'être *consigné*, c'est-à-dire, d'être *relâché sur caution,* pour insuffisance de preuves, ou *d'être entièrement mis en liberté par provision* (*in provisionem*). Or, comme il peut aussi résulter des aggravations des décrets qui sont decernés pour de telles demandes, il est aisé de juger à combien de délais, à quelles longueurs tout cela donne lieu.

Enfin, le coupable fait ses preuves dans la défense. Tout le monde connaît cet axiome du barreau : *que les défenses du coupable s'écrivent, mais ne se lisent pas tout-à-fait.* Plusieurs écrivains ont déclamé contre un si pernicieux abus; mais aucun d'eux n'en a montré la source, ni examiné positivement la réalité.

Chez nous, il n'y a ni éducation, ni morale publiques. La morale du peuple est vague et incertaine, telle qu'ont dû la former les intérêts contraires de tant de diverses familles qu'on a vu régner un instant et gouverner successivement cette belle contrée. La diversité de gouvernement a produit la diversité de principes dont nous sommes imbus. De l'opposition perpétuelle des intérêts des ecclésiastiques et des barons, avec ceux de la couronne et de l'état., sont dérivées de monstrueuses opinions. L'esclavage du peuple, gémissant sous la puissance de ces barons, dans le temps désastreux du règne *vice-royal* *, la pauvreté, qui accompagnait l'esclavage, avant que les armes glorieuses des BOURBONS nous eussent délivrés de la misérable et vile condition à laquelle nous étions réduits, lorsque nous ne formions qu'une province d'un empire étranger **, inspirèrent cette morale corrompue, qui, malgré les lumières du siècle et les efforts du gouvernement, existe toujours. Quelle est donc cette morale ? la morale d'hommes avilis et dégénérés. Le mensonge, la bassesse, la crainte,

(*) L'auteur veut sans doute parler ici du temps où les deux Siciles furent gouvernées par des vice-rois espagnols et allemands.

(**) Ce fut par le couronnement de Don CARLOS, infant d'Espagne, que les BOURBONS rendirent aux deux Siciles le titre de royaume qu'elles avaient perdu, lorsque, passant sous la domination de la maison d'Autriche, elles furent incorporées au nombre des provinces de cette puissance.

l'intérêt, la corruption, la prépondérance, l'orgueil, l'adulation et l'art du courtisan *, sont les seuls principes de cette morale. L'intérêt personnel prédominant, tout est isolé dans la société. Il n'y a, comme nous l'avons dit ailleurs, aucune idée de bien public, ni d'intérêt général. La probité, la bonne foi sont des vertus rares, et que peu de personnes pratiquent.

C'est de cette morale corrompue et populaire que dérive la maxime *qu'un témoin, pour sauver un coupable, peut même aller jusqu'au parjure.* Le peuple ignorant croit que de déposer le faux, pour sauver un criminel, est faire un acte de piété : cette erreur n'a rien d'étonnant. La piété de celui qui n'a

(*) J'ai été tenté d'employer ici le mot *courtisianisme*, où *cortegianisme*, dont s'est servi l'auteur ; mais ne l'ayant encore lu dans aucun de nos écrivains, je me suis fait justice. J'ai senti qu'il ne m'appartenait pas de risquer cette innovation, de hasarder ce nouveau mot, quelque expressif qu'il pût me paraître.

nulle idée, nul amour de l'ordre et du bien public, ne peut être qu'une fausse piété.

A ces principes de corruption générale s'en joint un autre, dont nous avons parlé ci-dessus, et qui tire son origine de la faveur accordée par les grands, lors du règne de la féodalité, aux recommandés, c'est-à-dire, à ceux qui se réfugiaient sous la protection des grands barons. Quoique cet usage eût été proscrit par FRÉDÉRIC, il se maintint cependant, au mépris de la loi, parce que les grands regardèrent comme un devoir chevaleresque, de défendre ceux qui s'étaient mis à couvert sous leurs aîles.

Les principes des grands sont pour le peuple ce qu'est pour l'eau tranquille la plus légère impulsion de mouvement. Celle-ci se propage en ondulations répétées et sphériques; ceux-là se répandent promptement. Ce fut donc, à l'exemple des grands, qu'en ne considérant que le malheur d'un coupable,

et

et point du tout son crime, on érigea en acte auguste et pieux l'empressement de lui tendre, de quelque manière qu'on le pût, une main protectrice.

Voilà la vraie raison pour laquelle on n'ajoute pas complétement foi dans les jugemens aux témoins *à décharge.* Tant que les soins prévoyans du gouvernement n'extirperont pas de si funestes erreurs; tant que la plume heureuse de quelques citoyens zélés ne nous aura pas donné des cathéchismes qui puissent inspirer au peuple, devenu plus cultivé, les principes d'une saine morale; tant que les savans, au lieu de pâlir sur la recherche du nom et de la stature de l'aïeule d'ÉVANDRE, au lieu de donner toutes leurs veilles à classer les couleurs innombrables des coquilles, ne contribueront point par leurs travaux et par des écrits, absolument destinés pour le peuple, à éclairer les nations, c'est en vain qu'on criera contre le principe dont il s'agit. Ce n'est pas ce principe érroné qui nuit à la défense des accusés, qui affaiblit les forces de cette défense, c'est le peu de bonne foi publique.

D'un autre côté, la confiance qu'on croit devoir aux témoins du fisc est-elle donc si sacrée? Je conviens que les hommes se portent plus facilement au parjure pour sauver un coupable, que pour opprimer un innocent; mais chacun conviendra aussi avec moi que, dans le sentier de la corruption, on va toujours en avant, et que du premier au second pas il n'y a pas beaucoup de distance.

On apporterait facilement un remède à ce désordre, si l'on entendait les témoins *à décharge*, contradictoirement avec les témoins *fiscaux*. Les juges pourraient facilement tirer la vérité de la comparaison et du contraste.

Mais combien d'opinions erronées empêchent que la vérité ne perce! Comment, avec le système fiscal, dont nous avons tant parlé, et ce culte idolâtre qu'on rend à la foi des témoins fiscaux, culte et système d'après lesquels les témoins à décharge sont resserrés en prison, s'ils leur sont opposés, comment, avec un tel système, un accusé pourra-t-il trouver, pour sa défense, des témoins qui veuillent bien être les martyrs de la vérité? La chaîne naturelle de tant de maux dépend du premier anneau: si l'on ne rompt celui-ci, il est inutile de faire aucune tentative pour couper les autres.

Enfin le terme *à réplique*, le délai fixé pour repousser les preuves que l'accusé a produites pour sa justification, ne sert à autre chose qu'à prolonger encore davantage la procédure. Si l'on tient si peu de compte de la défense de l'accusé, à quoi bon accorder, en faveur de l'accusateur, un délai pour combattre des témoins sur lesquels le juge ne compte que très-peu ou point du tout? Ce délai est même inutile au coupable, puisqu'il peut, dans sa défense, *reprocher* les témoins du fisc. D'ailleurs, à quoi bon dans l'appellation accorder au coupable un autre terme à défense, si le premier est déjà illusoire P Tous ces délais inutiles ne servent pas à l'innocent; ils ne font qu'éloigner le châtiment du coupable.

CHAPITRE XXX.

De la torture et des peines extraordinaires.

DANS la courte analyse que nous venons de donner des désordres du système actuel de la procédure criminelle, nous sommes restés au-dessous de la vérité, pour qu'on prêtât une entière confiance à nos assertions, et qu'on ne nous reprochât pas un esprit de paradoxe.

La torture et les peines extraordinaires, qui tirent leur origine de son usage, doivent être un des objets les plus importans de l'examen des jugemens criminels; elles méritent par-là toute notre attention. J'aurais dû en parler d'abord; mais j'ai cru à propos de réserver cette recherche pour la dernière, et de ne présenter le remède qu'à côté de l'analyse du désordre.

Il ne me reste plus rien à ajouter à ce que les anciens, et d'après eux les plus illustres modernes, ont dit contre la torture. Quel rapport la douleur peut-elle avoir avec la vérité ? Ce sont des choses de nature hétérogène. La douleur tient à la volonté, la vérité à l'esprit seul. Tout homme instruit convient aujourd'hui qu'on devrait bannir la torture des tribunaux, asiles de la justice, et temples de la liberté. Mais ne devrait-on pas aussi en bannir les peines extraordinaires ?

Les Romains, dans le temps de leur liberté, ne connurent pas les peines extraordinaires. Le juge, aveugle instrument de la loi, renvoyait l'accusé, le condamnait à la peine réglée par la loi, ou, dans le doute, différait le jugement par le fameux *non liquet*. Ce fut sous les empereurs que les peines extraordinaires parurent pour la première fois au barreau. La législation était imparfaite; elle ne classait pas les délits; elle ne présentait pas la suite successive de crimes de la même espèce. Le nouveau gouvernement avait introduit l'arbitraire dans le cabinet, et au barreau dont l'esprit ne le cédait en rien à l'esprit de celui-là. Voilà ce qui fit que toutes les peines devinrent extraordinaires, qu'elles furent laissées à la discrétion du juge, qui devait, selon la qualité des personnes, selon la nature des délits, augmenter ou adoucir la peine (1). Mais à cette différente intensité du délit même, intensité que la législation n'avait pas fixée, il faut encore joindre la défectuosité des preuves, comme une des causes qui firent que les peines devinrent extraordinaires.

Les Grecs et les Romains n'employèrent la fausse et inhumaine méthode de rechercher la vérité par la torture, qu'avec ces êtres malheureux, auxquels une *violence* politique refusait la qualité d'hommes. Ces hommes, dégradés sous

____

(1) *L.* 13. *D. de poen.*

le poids de l'esclavage, ne pouvaient connaître les sentimens naturels de la vérité et de la vertu. La douleur et l'épouvante suffisaient pour abattre leur esprit abruti. Les législateurs pensèrent donc que, par la seule violence des tourmens, on pourrait leur arracher la vérité. D'ailleurs, la férocité et la terreur devinrent des moyens nécessaires pour mettre un frein à une multitude d'ennemis domestiques, parmi lesquels vivaient des maîtres détestés. C'est à ce motif de tyrannie politique que le barbare *sénatus-consulte* SILLANIEN doit son origine.

Quand ensuite les citoyens libres furent réduits à la malheureuse condition d'esclaves, ils furent aussi assujettis à la torture. Mais, selon ce qui est prescrit par les lois romaines, on ne pouvait être appliqué à la question sans des indices certains (2). Des indices qui n'étaient pas d'une assez grande évidence

____

(2) *L.* 1. 8. *C. de quaest.*

pour la condamnation du coupable, mais qui le rendaient suspect aux yeux du juge; ceux qui ne formaient pas une certitude morale, une preuve légale, mais seulement une sorte de probabilité contre l'accusé, une *semi-preuve*, pour me servir des termes du barreau, ces indices concluaient contre les bras de l'accusé.—

Lorsqu'avec la culture de l'esprit, l'humanité renâquit dans l'Europe; lorsque les mœurs vinrent de nouveau à s'adoucir, les juges commencèrent à signer avec horreur les *décrets à torture*. Les mœurs corrigent dans un temps la férocité des lois dont elles ont, dans un autre, corrompu la sainteté. L'usage de la torture s'abolit peu-à-peu, et *l'arbitrage* des indices prit sa place: Alors les peines extraordinaires furent introduites au défaut de preuves. „ La „ loi m'accorde, dit le juge au coupable, „ la faculté de te faire appliquer à „ la question, quand de tels indices „ t'accusent. Au lieu donc de t'y

„ condamner, je t'impose une peine „ extraordinaire, qui équivaut à la „ torture. „ Comme l'extension de la torture se mesure sur le plus ou le moins de preuves, on y proportionne également les peines extraordinaires. Fausse conséquence du plus faux principe! La loi accorde la faculté de *torturer* un coupable, contre lequel il y a des indices, pour en tirer la vérité; la peine extraordinaire, ne concourant pas au but de la loi, ne peut donc être substituée à la torture.

Quel parti prendre? Quand la preuve ne sera pas parfaite, laisserons-nous les accusés en liberté? Prolongera-t-on le jugement, jusqu'à ce que de nouvelles preuves nous fassent connaître ou son innocence, ou son crime?

Quiconque est versé dans la science des jugemens criminels, quiconque connaît parfaitement l'état présent des choses, verra clairement combien il est dangereux de laisser libres les fameux coupables, lorsqu'ils ne sont pas convaincus par une preuve complète. L'état serait bientôt inondé d'un torrent de criminels, et la perte entière de la sureté publique serait certaine. Une procédure aussi compliquée qu'est précisément celle dont nous nous servons, donne facilement lieu à l'irrégularité de sactes; ainsi, les coupables seraient rarement condamnés à la peine ordinaire. La difficulté d'acquérir une preuve complète, difficulté qui vient de la corruption publique dont nous avons parlé ci-dessus, provoquerait l'impunité. Le désordre que les peines extraordinaires causent à la liberté est donc inévitable; la violence qu'elles lui font est donc devenue nécessaire.

Mais en adoptant le nouveau système de jugemens, que nous allons proposer tout-à-l'heure, l'irrégularité deviendrait d'autant plus rare que la procédure serait plus briève et plus simple. La nouvelle méthode procurerait, comme nous le verrons dans peu, beaucoup plus de facilité, pour acquérir les preuves ; elle serait elle-même un antidote efficace contre la corruption publique. Les sentimens de bonne foi, d'estime et d'attachement pour une constitution, sous laquelle on jouit de la sureté et de la tranquillité, germent d'autant plus dans l'esprit des peuples, les citoyens deviennent d'autant plus honnétes et plus zélés, que la confiance qu'on prend pour les magistrats et les jugemens croît davantage, que la liberté civile est plus respectée.

Pour assurer davantage le repos de la société, on pourrait exiler pour toujours du royaume le coupable contre lequel il n'y aurait que des indices, mais qui ne serait pas convaincu, en lui laissant la faculté de prouver son innocence, et de reprendre ses droits de citoyen. Si l'exilé n'observait pas son ban, on pourrait alors le condamner avec justice, pour le trouble qu'il apporterait à la tranquillité publique, à cette peine extraordinaire, qui eût été une violence, si on la lui eût d'abord infligée pour un délit qui n'était pas pleinement prouvé.

Voilà par quels réglemens on devrait avec la torture abolir aussi les peines extraordinaires qu'on inflige au défaut de preuves. Quant à celles qui se proportionnent toujours à là différente intensité du délit même, selon les différens degrés de dol, elles devraient être fixées par la loi.

CHAPITRE XXXI.

Du jugement par forclusion *.

LE terrible jugement par *forclusion* déshonore et notre code et notre siècle. Il n'est pas vrai, comme plusieurs écrivains l'ont avancé, que ce jugement, inconnu de l'antiquité, ait été d'abord inventé dans les temps barbares. L'antiquité la plus reculée le connut et l'exerça. Les criminels d'état, quoique absens, étaient condamnés à la mort; ils étaient déclarés ennemis publics. On mettait leur tête à prix. On armait,

---

* Quoique la *forclusion*, proprement dite, n'ait lieu en France qu'en matière civile, depuis l'ordonnance de 1670, qui en a banni même jusqu'à l'expression de la procédure criminelle, le jugement qui condamne un contumax à une peine afflictive, lorsqu'il n'a fourni aucune défense, est réellement un jugement de *forclusion* : j'ai donc cru pouvoir employer ce terme pour traduire le *forgiudica* de mon auteur.

contre les *félons*, les mains de tous.
Chaque citoyen devenait soldat et exécuteur de la loi. Le sénatus-consulte,
qui déclara MARC-ANTOINE ennemi
public, fut un véritable jugement par
forclusion. Athènes, dans la guerre contre PHILIPPE, exerça aussi ce jugement
contre ceux qui étaient soupçonnés de
félonie. DEMOSTHÈNES l'atteste dans ses
Philippiques.

Mais pour les autres délits que les
crimes d'état, la peine la plus sévère
qu'aient établie les lois romaines contre
les contumaxs furent la confiscation de
biens, et la *rélégation* *. Notre empereur

---

* Il y avait chez les Romains deux sortes de
bannissemens, la *déportation* et la *rélégation*. Par la
première, les bannis étaient transportés dans le lieu
qui était désigné par le jugement, avec défense d'en
sortir, sous peine de la vie. La seconde n'était qu'un
simple exil, avec ou sans désignation de lieu. La
déportation était ordinairement perpétuelle, et faisait perdre le droit de citoyen romain. La rélégation se révoquait souvent, laissait plus de liberté,
et n'empêchait pas l'exilé de rentrer dans tous les
droits de cité, après son rappel.

FRÉDÉRIC II adopta entièrement les lois romaines concernant l'annotation des biens des criminels absens , et le temps accordé pour la purgation de la contumace. Mais, allant plus loin, il établit la forclusion (1), ou la peine de mort contre ceux qui, dans l'espace d'un an, n'avaient pas purgé leur contumace. Il arma contre eux le bras de tous les citoyens : loi dure et de sang, mais qui fut dictée par l'esprit des temps. Nos provinces étaient depuis peu sorties de l'état de barbarie. L'esprit d'indépendance des puissans dynastes et des grands barons, abattu par les Normands fondateurs de la monarchie, comme un nouvel antée, se relevait toujours, en rongeant son nouveau frein. Chaque grand baron, rougissant de se soumettre au joug des lois, aimait mieux revendiquer ses droits en champ de bataille, à

____

(1) La peine de mort contre les contumaxe était déjà introduite avant FRÉDÉRIC, comme on le voit par le jugement imprimé à la suite de cet ouvrage.

la

la tête de ses vassaux armés, que d'en demander raison en jugement (2).

(2) La famille des *Suèves* étant éteinte; cette famille, qui avait restreint dans les bornes du devoir les puissans dynastes, en ordonnant la démolition des forteresses de leurs terres, en défendant les guerres privées, en prohibant aux barons l'exercice de toute juridiction, excepté la *baillive*, qui était la moins considérable, comme on le voit dans les constitutions du royaume; ceux-ci reprirent, sous les princes français de la branche d'ANJOU, leurs anciens usages. Ces derniers étant dévoués à la cour de Rome, dont ils reconnaissaient le pouvoir, devaient nécessairement favoriser les barons, qui ont toujours été attachés à cette cour. Ils se donnaient ainsi réciproquement la main pour se soutenir. Lorsque les barons du royaume, par différens messages, sollicitèrent BONIFACE VIII de rompre la paix conclue avec FERDINAND I d'Arragon, ils lui firent représenter que le pape devait les protéger et agrandir leur puissance; que c'était le moyen de tenir FERDINAND abaissé, ainsi qu'ALFONSE, duc de Calabre. C'est aussi pour cette raison que du temps des princes d'ANJOU ils renversèrent les digues que FRÉDÉRIC II leur avait opposées, et que les Arragonais, et surtout le même duc de Calabre, voulant les faire entrer dans les bornes du devoir, ils ourdirent la fameuse conjuration et rebellion, dont ils donnèrent les raisons suivantes: Que le duc leur ôtait ou faisait démolir leurs forteresses;

Voilà la raison pour laquelle FRÉDÉRIC regarda comme rebelles et criminels d'état les contumaxs, et établit le terrible jugement de forclusion dans tous les délits capitaux : jugement nécessaire alors, mais cruel et nuisible aujourd'hui. Le ban perpétuel hors de la patrie, et

que dans leurs fiefs ils n'étaient plus que des baillis; qu'ils n'exerçaient plus que cette simple juridiction subalterne, selon la nouvelle constitution du royaume, pour quoi ils ne recevaient aucune redevance. Qu'on voie le procès qui leur fut fait, et qui a été imprimé à Naples en 1488; il prouve clairement qu'alors les barons étaient presque revenus à leur état d'ancienne indépendance. Le duc de MELFE, qui tenait à son service une troupe de soldats appelés *stratioti*, troupe composée des grecs qui se trouvaient dans le royaume, s'empara de plusieurs terres du comté d'*Avellino*, disant qu'elles étaient à sa convenance. Il s'accageait perpétuellement les lieux les plus riches, comme il fit de la montagne *St.-Angelo*; il pillait les troupeaux de ses voisins, prenait même les hommes des terres domaniales ; et en les enfermant dans une horrible fosse, il en exigeait une rançon. Que faisait-on de plus dans le temps de la plus féroce barbarie ? Mais pour se former une idée juste de l'anarchie féodale de ce temps-là, qu'on lise les conditions de paix, proposées par les barons.

la confiscation de biens, sont une peine suffisante contre les contumaxs. Le premier assure la tranquillité de la société, puisque si le coupable revient jamais sous la main de la justice, il souffrira la peine que mérite son crime. Quand on veut poursuivre le jugement en l'absence du coupable, la condamnation ne doit pas excéder la *rélégation*, selon le système des lois romaines. L'exil perpétuel, auquel le contumax se soumet, par le fait même de sa fuite, et la perte de ses biens, peuvent à-peu-près équivaloir à cette *rélégation* *.

Montrer les plaies, sans indiquer les remèdes convenables, c'est accroître le malheur par le sentiment même du mal. Tâchons d'apporter ici, en tout ou en partie, celui qui est depuis si

---

* Assurément ces peines sont plus qu'équivalentes à celle qui résulte de la *rélégation*, puisque par cette dernière il reste au contumax l'espoir de rentrer dans ses droits de citoyen, s'il vient se justifier. Mais il y aurait de plus le poids du jugement, qui pèse naturellement sur la tête du condamné.

long-temps l'objet du désir des peuples; et des méditations de tous ceux qui réunissent aux connaissances le zèle du bien public et l'amour de l'humanité. Mais en proposant une réforme, ne perdons pas de vue que s'il est possible de détourner un peu le courant d'un torrent rapide, il ne l'est pas de même de lui donner une direction contraire. Quiconque, en matière de réformes politiques, n'aura pas devant les yeux cette maxime salutaire, pourra proposer de belles et admirables choses ; mais elles ne seront ni utiles, ni de facile exécution.

CHAPITRE XXXII.

Réforme de la procédure criminelle.

S'IL est parmi mes lecteurs quelqu'un qui n'ait pas saisi de la pensée, la progression et l'enchaînement de mes idées, qui ne m'ait pas attentivement suivi dans l'analyse des opinions erronées et des graves désordres du système actuel des jugemens criminels, qu'il cesse de me lire ; je lui défends expressément de passer outre. Il ne lui appartient plus de juger de la nouvelle méthode que je vais proposer. Tout ce que j'ai dit jusqu'ici est la démonstration de ce que je dirai désormais. Les abus inhérens au système actuel, et qui seront en totalité, ou en partie, réprimés par cette nouvelle méthode, la facilité de son exécution, facilité qui s'annonce d'elle-même, sont les preuves qui en démontrent la bonté.

P 3

Cette noble et belle simplicité, qu'on remarque surtout dans les plus grands ouvrages de la nature, et que la mécanique emprunte d'elle, pour l'égaler dans ses effets, doit particulièrement caractériser les hautes opérations politiques. C'est une qualité infaillible qui en assure le succès. Il faut que par leur facilité, l'ignorant puisse croire les avoir imaginées, puisse penser qu'il pourra les exécuter. Il suffit que le philosophe en apprécie la difficulté vaincue. Les vérités utiles et constantes sont celles que la nature a gravées dans le coeur de tous les hommes. Faciles à connaître, il n'y a cependant que le penseur seul qui les saisisse.

Avant d'en venir à l'exposition de notre nouvelle méthode, je dois ajouter une dernière réflexion. Les esclaves de l'usage, les serviles imitateurs de l'exemple qu'il est si doux, si facile de suivre, parce qu'il n'en coûte point d'efforts à l'indolence; les antagonistes du raisonnement, qui demande du travail et de la peine, sont les ennemis déclarés de toute nouveauté, quelle qu'elle soit. Au seul nom de changement, ils rient, ou ils frémissent. Mais qu'ils calment leur indignation; je ne propose point ici de nouveauté; je ne forme point de projets. Ma réforme est toute faite. Je rappelle la procédure à ce qu'elle a déjà été une fois. C'est ce qui démontre et la possibilité et la facilité de l'exécution : car ce qui a été une fois, peut être de nouveau, quand les positions et les circonstances présentes ne diffèrent que peu, ou point, des positions et des circonstances passées. Ma méthode est précisément celle qu'on adopta sous les empereurs dans une constitution monarchique, c'est-à-dire, dans une constitution conforme à la nôtre. De légers changemens, de simples corrections n'en changeront pas la substance.

Enfin, voici le plan de notre nouveau système.

Pour le mettre à exécution, il faut,

avant tout, répartir les tribunaux provinciaux, de façon que la distance de l'un à l'autre soit en raison du chemin qu'on peut faire en un jour. Le nombre des officiers qui les composeront ira jusqu'à sept, sans compter le fiscal. La multiplicité des officiers de justice, qu'exige ce système, sera en partie compensée par la suppression des gages de tous les *gouverneurs* royaux.

Il y aura ensuite un tribunal suprême, auquel seront apportés les appels de tous ces tribunaux. Ce dernier sera composé de quatorze juges, répartis en deux roles *.

Il faudra, de plus, établir dans les tribunaux particuliers des *inquisiteurs*, dont le fiscal sera le chef; leur assigner un salaire convenable; leur donner l'expectative de monter aux places de magistrature du tribunal, si par leur intégrité ils s'en ouvrent le chemin.

* Nous pouvons ici considérer cette expression comme signifiant deux chambres.

Il sera nommé, soit par le roi, soit par les barons, selon la qualité des lieux, des gouverneurs annuels pour toutes les villes, pour toutes les terres; et ces gouverneurs pourront être choisis parmi les gentilshommes du pays même. L'honneur de servir sa patrie, d'être distingué parmi ses concitoyens, la gloire qu'on pourra acquérir dans l'exercice de fonctions aussi augustes, seront une compensation suffisante du poids d'une charge qui exigera tant de soins. Il ne sera pas nécessaire de mettre un autre prix à leurs peines. Ceux qui l'auront occupée plusieurs fois, qui s'y seront distingués par leur zèle, s'ils sont d'ailleurs suffisamment pourvus de lumières, pourront ensuite passer dans la classe des inquisiteurs, qui sera comme le noviciat et la pépinière de la magistrature.

Après avoir fixé la résidence des magistrats, tant supérieurs qu'inférieurs, indiquons les fonctions des uns et des autres; réglons l'ordre à suivre dans la tenue et la poursuite d'un jugement.

Les *gouverneurs* locaux, qui, dans notre plan, représentent ces anciens défenseurs des *municipalités* * romaines, l'orsqu'il arrivera un délit, prendront sur le champ connaissance de sa nature, (c'est ce qu'on appelle *in genere*) arrêteront le coupable sur le fait, si pour ce délit il y a lieu à incarcération ; et après s'être procuré toutes les lumières qu'ils auront pu obtenir, après avoir recherché les traces des preuves, ils les transmettront avec les notions *in genere*, et le coupable au tribunal.

Que ce soient les *gouverneurs* locaux qui fournissent au tribunal ces notions, que ce soit le plaignant qui y porte

* *Municipium* était le titre que portaient les villes du *Latium* et de l'Italie, auxquelles les Romains avaient accordé de se gouverner elles-mêmes selon leurs propres lois et coutumes. Leurs habitans jouissaient du droit de bourgeoisie romaine. Les défenseurs nés de ces municipalités, si l'on portait atteinte à leurs droits, étaient les tribuns du peuple.

directement l'accusation, on examinera, avant toutes choses, la qualité du délit qu'on déduit dans le jugement. Si le délit est d'une espèce à mériter moins de dix ans de galères, ou de rélégation; si l'accusé a d'ailleurs un revenu annuel de deux cents ducats *, ou qu'il trouve au moins une caution pour le capital de ce revenu, il pourra défendre sa cause en pleine liberté, c'est-à-dire hors des prisons; parce que s'il se dérobe à la peine et au jugement, le bannissement perpétuel hors de sa patrie, la perte de ses biens; équivalent au châtiment qu'il devait subir. Exilé et mendiant, il expie son crime par l'existence incertaine et pénible qu'il a substituée à l'existence fixe et assurée qu'il avait auparavant (1). Dans un

* Voir la note, page 182.

(1) Cette disposition approche beaucoup de l'*habeas corpus* des Anglais. Au surplus, on en voit l'ébauche et dans la constitution de la monarchie de FRÉDÉRIC II *humanitate*, et dans la première loi du digeste *de custodia reorum*.

pareil cas, immédiatement après l'accusation, on assignera le coupable.

Mais si la peine encourue est au-dessus de dix ans de galères, les tribunaux ordonneront les *diligences* ou *enquêtes*, qui seront faites par les *inquisiteurs* dont nous avons déjà parlé, et dont les fonctions juridiques sont absolument les mêmes que celles qui étaient attribuées aux anciens officiers appelés *curiosi* et *irenarchi*. Les inquisiteurs se transporteront dans le lieu où le délit aura été commis, dresseront l'enquête des preuves, interrogeront les témoins, feront enfin les *diligences* réquises, lesquelles n'auront au surplus d'autre valeur que de faire arrêter le coupable, et de fournir à l'avocat fiscal, qui remplit les fonctions d'accusateur public, la matière complète de l'accusation. Ces diligences sont précisément ce qu'étaient les plaintes (*elogia*) des *curiosi*, dont il a été parlé à leur place. Après cette information extraordinaire, s'il en résulte une preuve suffisante pour l'incarcération, l'accusé sera resserré dans les prisons.

Il sera surtout essentiel que d'un côté cette preuve soit aussi fixée par la loi, et que de l'autre la réforme de la procédure criminelle porte également sur les prisons : de manière qu'elles ne soient plus qu'un lieu de sureté, et non une peine anticipée pour l'accusé *.

Au surplus, quand il n'y aurait pas lieu à emprisonnèment, il n'en faudrait pas moins envoyer, après l'assignation

* Oui, sans doute, il sera essentiel que dans la réforme du système judiciaire on n'oublie pas l'article des prisons. Ce que le roi a fait depuis son règne à cet égard est déjà beaucoup. Mais il reste à faire beaucoup plus encore. On n'a touché qu'au physique de cette administration ; on n'a traité la chose qu'en général. C'est surement un très-grand bienfait de la puissance royale. Mais on n'a presque rien changé à son moral ; on ne s'est pas occupé des détails ; et c'est là ce qui doit mettre le dernier sceau à cette oeuvre. Chez les Romains, on ne mettait dans les prisons, proprement dites , (*in carceres*) que les accusés déjà convaincus. Ceux qui ne l'étaient pas encore, mais qui ne pouvaient trouver personne pour les cautionner (*fidei jussores*) étaient gardés *in liberis custodiis.*

du coupable, un *inquisiteur* dans le lieu du délit, pour disposer la preuve, dans le cas où il n'y aurait pas d'accusateur qui l'administrât. Mais alors il ne sera pas nécessaire qu'il dresse une procédure, il suffira seulement qu'il prenne les traces du délit, et amène avec lui pardevant le tribunal tous les témoins qui devront concourir à établir la preuve fiscale.

Lorsque le coupable sera présent dans le jugement, qu'il soit en prison, qu'il soit libre, il faudra lui faire connaître sur le champ l'accusation intentée contre lui, en l'interrogeant d'abord sur le délit dont il est chargé. S'il nie, le jugement commence.

L'accusateur et lui auront la liberté de récuser chacun deux juges. Il en restera toujours trois, et ce nombre, à la rigueur, est suffisant*. C'est ainsi

---

* Je ne suis point du tout ici de l'avis de l'auteur. Je pense, au contraire, qu'on ne peut avoir trop de juges en matière criminelle. Je me propose de développer mon opinion à ce sujet dans un autre ouvrage

qu'en bornant la liberté de récusation des Romains, on supprimera les délais inutiles et ruineux des jugemens actuels. Nous n'approuvons pas à cet égard le système des Anglais. Si leur double récusation favorise la liberté, elle n'abrège pas la longueur des jugemens.

Après la récusation, il faudra accorder un terme convenable à l'accusé, et lui donner, en même-temps, la liste des témoins fiscaux, afin qu'il puisse préparer la preuve de son innocence ; et aux témoins, opposer des témoins. Le terme expiré, et *à jour préfix*, l'accusateur ou le fiscal d'un côté, l'accusé assisté de ses avocats de l'autre, produiront également chacun leurs témoins. Quoique ceux des premiers aient déjà été interrogés dans les actes de procédure appelés *diligences*, ils le seront encore *ex integro* en présence de l'accusé. Il résultera, de cette forme,

auquel celui-ci a donné lieu, si ma santé et les circonstances me laissent le temps et le courage de l'achever.

comme il arrivait dans les anciens jugemens, un débat et une confrontation, dont les juges pourront avec pleine sureté déduire la vérité du fait. Sans avoir recours à cette vexation des témoins, nécessaire dans la méthode actuelle, on pourra, de cette manière, arracher la vérité de la bouche même de ceux qui seront les plus obstinés à la cacher, de la bouche même de ceux qui auront été séduits.

Quiconque a la plus légère pénétration, jugera facilement combien cette comparaison contradictoire, et de vive voix, de témoignages opposés, servira à développer la vérité.

Immédiatement après cette discussion, on enregistrera les dépositions, afin qu'il reste un monument de la procédure; et elles seront indispensablement signées et par l'accusateur et par l'accusé.

Trois jours au plus, après celui de la discussion, on agitera et votera la cause.

Cette

Cette simplicité abrégera singulière-ment et la procédure et les jugemens. Elle préviendra toute fraude, toute chicane, toute astuce; et, sans porter aucun préjudice à la liberté civile, qu'elle assurera au contraire, elle four-nira les moyens les plus infaillibles d'obtenir la vérité.

Il n'y aura lieu à aucunes nullités dans les jugemens rendus selon notre système. Ce recours de subterfuge sera inutile auprès des juges mêmes. La liberté de récusation garantit la liberté civile, et l'appel au tribunal suprême de la province l'assure entièrement.

Dans le jugement d'appel, la récusa-tion sera également permise. Si la première sentence est confirmée, on n'admettra plus d'autre charge, (d'autre aggravation), d'autre procédure. Deux récusations libres, deux jugemens uni-formes doivent rendre le citoyen tranquille. Mais si la seconde sentence diffère de la première, on pourra produire une seconde fois dans l'autre

Q

chambre (*rote*) du tribunal suprême. Celle-ci accordera la même liberté de récusation. Ensuite elle confirmera ou la première, ou la seconde sentence, n'étant pas probable qu'un premier et un second jugement, sur un même fait, soient également erronés. Autrement, en accordant toujours de nouveaux jugemens, au lieu de terminer les procès, on les prolongerait à l'infini.

Pour mettre cette méthode à exécution dans la capitale, il faudrait répartir les divers tribunaux de la province, appelée *terre de labour*, en la manière que nous avons proposée. La grande cour serait le tribunal suprême des tribunaux de cette province.

Que le lecteur impartial examine notre système avec le flambeau de la théorie ci-devant établie, et qu'il en juge ensuite sans aucun préjugé. Que les esprits pusillanimes ne soient pas épouvantés, si, par notre méthode, on divulgue le secret mystérieux des jugemens criminels. Il y a long-temps qu'il n'y a plus de secret. Toute procédure criminelle, quelle qu'elle soit, est entièrement connue dès le principe de presque tous les criminels. Elle n'est plus un mystère que pour ceux qui sont pauvres. Les avocats, les ministres de la justice, tous les suppôts du tribunal ne savent-ils pas tout ce qu'elle comporte? Qu'on fasse donc enfin, en vertu d'une loi, et pour l'avantage public, ce qu'on a fait jusqu'ici par corruption et pour l'oppression du pauvre.

Telle est en bref la réforme que nous proposons. Elle n'extirpe pas directement tous les maux qui tirent leur source de la facilité de corrompre les témoins. Mais la discussion publique et contradictoire des témoins opposés porte, en grande partie, remède à cette corruption; elle obvie surtout à la vexation dont nous avons parlé. On sait, au surplus, que dans une corruption générale, on ne peut jamais exécuter complétement la réforme des parties, sans celles du tout. Il faudrait détruire en même-temps les causes qui corrompent la probité du peuple, exciter la bonne foi et l'amour du bien public. C'est à quoi on parviendra encore avec notre méthode de procédure, puisque par tout où le peuple a bonne opinion de l'administration de la justice, par tout où il croit que ses ministres sont droits et intègres, la confiance publique, dont jouit le corps des magistrats, alimente, s'il est permis de parler ainsi, la confiance privée des citoyens. Par tout où la liberté civile est respectée, par tout où l'impunité est bannie, les idées d'ordre et de bien public s'introduisent et prennent peu-à-peu consistance.

CHAPITRE XXXIII.

Correction de la procédure actuelle.

Comme les grandes réformes rencontrent de grands obstacles, soit dans les préjugés régnans, soit dans la forte dépense qu'un nouveau système entraîne avec lui, on peut les tenter par degrés et peu-à-peu, elles s'exécuteront alors plus facilement.

Nous proposerons donc, dans ce chapitre, une correction dans le système de la procédure actuelle, qui, sans qu'on se départe beaucoup de la méthode usitée, puisse au moins applanir la voie à celle dont nous avons tracé le projet dans le chapitre précédent. Nous nous servirons de quelques expédiens que l'usage a introduits ; ils peuvent être comme le germe d'une utile réforme.

On doit avant tout adopter notre

distinction de délits, et laisser toujours libre l'accusé dans les positions que nous avons indiquées.

On peut ajouter à nos dispositions à cet égard, que, lorsque le délit sera de nature à ne pas mériter plus de trois ans de *prison*, on laissera encore l'accusé libre, quand même il ne posséderait rien, et ne pourrait donner aucune caution; parce que, *s'il se soustrait par la fuite à son jugement, il se condamne lui-même à une peine plus forte*, celle du bannissement perpétuel hors du royaume; ban dont la violation serait la perte de sa liberté absolue pour dix ans, et qui équivaudrait bien aux trois ans de prison *. Quoique aucun avantage, aucun droit n'attache à la patrie un *prolétaire*, l'habitude de vivre dans un lieu, les amis, les parens sont toujours des liens chers, qui

* Les mots en caractères italiques dans cette phrase ne sont pas dans l'original. J'ai cru devoir les ajouter, pour rendre la traduction plus intelligible; mais je dois aussi en faire l'aveu.

retiennent chaque individu au sol où il naquit, et où il a toujours vécu.

Il est vrai que pour faciliter encore davantage l'exécution de notre projet de réforme, il faudrait former un code pénal, par lequel les peines, qui sont aujourd'hui arbitraires, fussent exactement fixées. Mais, en attendant, dans l'état même actuel des choses, la distinction que nous avons établie sera toujours très-utile. Il y a déjà plusieurs peines fixées par les lois; ce sera à la prudence du juge à estimer quelle peine il y aura lieu d'infliger au délit qu'on lui aura déduit, quand toutes fois, il aura été pleinement prouvé : il pourra régler de même si l'accusé doit se défendre en pleine liberté, ou resserré dans les prisons.

Il a déjà été introduit dans quelques accusations que le juge fasse venir les parties en sa présence. Il les entend, le greffier en dresse acte, et ensuite on procède à l'information. Cette méthode est très-louable. Le juge, en faisant son enquête, a aussi devant les yeux la position des faits, selon l'exposé de l'accusé. Il voit la cause sous tous les aspects. On évite par-là ce grave désordre dont nous avons tant parlé, celui de n'insérer dans l'information fiscale que les circonstances qui nuisent à l'accusé.

Souvent après que les parties ont été entendues, quand il y a deux accusations pour un même fait, on ordonne les actes appelés *diligences* pour en constater la vérité. Alors on accorde à l'accusé que *l'inquisiteur* ait devant les yeux les notions qu'il lui a fournies: c'est ce qu'on appelle au barreau *præ oculis*.

Or, réunissant actuellement deux méthodes aussi analogues, employant également les divers expédiens qu'elles offrent, toutes les fois que le coupable sera présent, qu'il soit en prison, ou qu'il soit libre, selon les distinctions que nous avons établies, nous croyons qu'il faudra toujours adopter la forme *prae oculis*.

Commençons toujours par entendre l'accusé.

Réservons les *diligences* pour les cas où il ne se présenterait pas après l'accusation ou la dénonciation.

Ce n'est que lorsqu'il y aura preuve suffisante pour porter à s'assurer de la personne de l'accusé, et lorsqu'il y aura lieu à incarcération, selon notre méthode, qu'il faudra l'arrêter, et chercher à tirer de lui toutes les lumières qu'on pourra en obtenir pour l'information juridique. Mais toutes les fois qu'il demandera, au lieu de la prison, une garde de soldats, à ses frais, dans sa propre maison, comme il y aura par-là sureté de sa personne, on devra la lui accorder *.

Lorsqu'on fait l'information juridique, l'accusé, ou au moins son avocat, devrait

---

* De cette manière, l'accusé ou le coupable est toujours sous l'oeil, sous la garde de la justice ; il est toujours *in præsidio* ; car *præsidium duplex fuit carcer et privata domus*, disent *TIT. LIV.* et *SALLUST.*

être présent à l'examen du genre, (*in genere*) du délit. Il s'agit d'un *fait permanent* *, le coupable ne peut l'altérer; mais il pourrait peut-être présenter des réflexions qui démontrassent son innocence *per facti inspectionem*, comme on dit au barreau.

Tous les témoins, tant du genre (*in genere*) que de l'espèce (*in specie*) c'est-à-dire, *tant du délit en général, que des détails et circonstances*, prêteront serment, et signeront leurs dépositions en présence de l'accusé ou du procureur par lui constitué, qui, de leur côté, les auront entendu lire dans leur entier, et qui auront également le droit de les lire eux-mêmes, et de les signer.

Cette méthode bannit de la procédure l'acte inutile du récolement des

---

* Les délits *facti permanentis* sont ceux qui laissent des traces après eux, comme l'homicide, le vol avec effraction, &c. L'adultère, le vol sans effraction, &c. sont des délits *facti transeuntis*.

témoins. Elle tend autant à l'abréger qu'à faire luire plus surement la vérité.

Après cela, on interrogera le coupable. S'il nie, comme, par cela même, le procès est entamé, on lui donnera cours, et on en fixera dès ce moment le terme. *Examen, constitution, contestation du procès, concession de délai*, que tout se fasse dans le même temps et par un seul acte.

Examiner le coupable, sans en exiger de serment, c'est proscrire tout-à-fait l'acte inutile de *l'admonition* qui en est la suite : et nous pensons qu'il n'y a point à hésiter à prononcer cette proscription.

Qu'on notifie, qu'on communique la procédure à l'accusé dès le lendemain de l'examen, et que de ce jour commence à courir le délai qui doit être égal dans toutes les causes.

Il faut effacer du code de la patrie toute procédure abrégée. Les délits atroces méritent des peines cruelles ;

mais on doit apporter les mêmes soins dans l'examen de tous les délits, le même temps, dans tous les cas, pour la recherche de la vérité. Il faut même, dans les crimes atroces, plus de temps, parce que plus l'atrocité du délit imputé à un citoyen est grande, moins on doit l'en présumer coupable.

A mon avis, on devrait également supprimer le terme ou délai destiné à *engraisser* le procès (*ad impinguare ,*) c'est-à-dire *à le fortifier de nouvelles charges, de nouvelles preuves.* Il doit être suffisant pour l'accusé, d'avoir la faculté de consigner par écrit dans l'information les lumières qu'il croit propres à prouver son innocence; et pour le fisc, d'y faire la preuve du délit.

Toute demande de la part de l'accusé, tendante à être mis en liberté, sous cautionnement, ou élargi, par provision (*in provisionem*) doit être rejetée, puisque ces deux actes ne peuvent avoir lieu qu'au défaut d'indices, et que dans ce cas-là, on ne doit pas en venir à l'incarcération.

Quelque préjudice que porte l'emprisonnement à un accusé, c'est un acte de sureté qu'il faut cependant conserver dans la procédure, dans les cas et sous les indices convenables.

Toute *délégation* * doit être proscrite. Si cette méthode n'effraie pas les coupables par la certitude ou le poids de la peine, elle tourmente les innocens par la crainte de l'oppression.

Que dans toutes les causes, l'appel compense l'abolition des *nullités* : celles-ci ne sont qu'un remède inutile, et une dangereuse prolongation des jugemens.

* La *délégation* était permise, ou plutôt tolérée, à Rome, dans le temps où les magistrats étaient en petit nombre; mais sous les empereurs, on mit bientôt un frein à cet abus.

Il en fut de même en France. Les ducs, les comtes, puis les baillis et les sénéchaux *déléguaient* qui bon leur semblait pour l'administration de la justice, avant que LOUIS XII le leur eût interdit.

On peut encore abolir la *révision*, hors dans les cas qui ne comportent pas l'appel.

Deux sentences uniformes de deux tribunaux réunis, comme de *l'audience royale* et de la *grande cour*, exclueront tout autre appel.

On appellera immédiatement au tribunal *provincial* des cours *locales*, *royales*, ou *baronales*. Le *privilége* des barons, appelé *de seconde et de troisième causes*, n'accroît pas réellement leur juridiction, et ne fait que prolonger les procès *.

Tous les tribunaux provinciaux devraient être augmentés d'un autre *auditeur*, laissant à l'accusé la liberté de récuser au moins un juge.

---

* *Ce privilége, de seconde et troisième causes*, est le droit qu'ont les barons dans plusieurs fiefs de diriger un premier et second appel du premier juge de leurs propres fiefs, juge entièrement à leur dévotion, à deux autres également leurs créatures et choisis par eux. Voir ce que j'ai dit dans ma préface sur la jurisprudence criminelle de Naples.

L'accusateur n'aura point à se plaindre, si la loi ne lui accorde pas un semblable droit. Celui qu'elle lui laisse de pouvoir accuser est déjà suffisant, puisque la partie offensée n'a aujourd'hui contre lui dans toutes les monarchies, que la seule action civile.

Quant aux *inquisiteurs* subalternes, on devra choisir, pour en remplir les fonctions, des personnes honnêtes et probes. Indépendamment du salaire convenable qui leur sera attribué, il faudra encore leur donner l'expectative d'être appelés à monter aux places de *gouverneurs royaux*.

Voilà les modifications les plus importantes et les plus faciles qu'on puisse faire à la procédure actuelle. Si l'on me demande si c'est là la meilleure réforme, je répéterai les paroles de ce Sage : *Ce sont au moins les meilleures lois que les circonstances actuelles puissent comporter.*

Heureux, si l'auteur de tout ordre et de tous biens inspire aux augustes souverains, de la volonté desquels dépend la félicité des peuples, de ne pas dédaigner les réflexions d'un philosophe obscur, qui n'ont d'autre but que le bien de la société confiée à leurs soins!

FIN.

COPIE

C O P I E

Du jugement dont il est mention dans cet ouvrage.

In nomine Domini nostri JESU CHRISTI anno Dominicæ Incarnationis ejus millesimo ducentesimo quadragesimo nono, & vigesimo nono anno imperii domini nostri FRIDERICI Dei gratiâ invictissimi Romanorum Imperatoris semper augusti, Jerusalem & Siciliæ Regis, vigesimâ die mensis Julii septimæ indictionis, me JOANNEM de RUCTA Judicem AVELLINI, præsentibus nobilibus viris domino HECTORE de MONTEFUSCULO, domino GUERRERIO di CRIPTA, domino ROBERTO MALERBA, JUDICO ROBERTO de ALTAVILLA, & ROBERTO SCLAVO de AVELLINO testibus infrascriptis ad hoc specialiter vocatis & rogatis, magister GUERRERIUS de LAURO Nolanus Canonicus tutor legitimus GUERRERII, BONIFACII, JORDANÆ, LOMBARDÆ &

R

ISABETTÆ, filiorum & filiarum quondam domini JACOBI de LAURO fratris sui rogavit attentius, ut quoddam imperiale privilegium mihi ab excellenti magistro GUARINO exhibitum, ad cautelam & securitatem ipsorum, facerem per manum publicam exemplari; quia expediebat pro parte ipsorum pupillorum, habere sequentis ipsius privilegii imperialis transumptum in publicum documentum; ut per ipsum privilegium transumptum & publicatum, de prædicto privilegio mihi exhibito, cum expediret eisdem, in judicio vel extra judicium facerent fidem; quia expediebat ipsum imperiale privilegium assignare nobili viro ANGELO de TARENTO imperialis Aulæ vallecto pro parte dominæ SUFFRIDINÆ uxoris suæ ac filiæ quondam magistri JOANNIS de LAURO fratris ejusdem magistri GUERRERII; maxime quia dictis pupillis sperabat exinde commoditatem in posterum evenire. Cujus preces juri consonas admittens, seriem ipsius imperialis privilegii de verbo ad verbum per manus JOANNIS de ALIBERTO publici Avellini Notarii transferri feci in publicum documentum, quod privilegium serenissimi domini nostri Imperatoris FRIDERICI reverendo sigillo cereo communitum in primâ figurâ, non cancellatum, non abolitum, ex omni sui parte perfectum; cujus per omnia tenor de verbo ad verbum talis est.

FRIDERICUS Dei gratiâ Romanorum Imperator semper augustus, Jerusalem & Siciliæ Rex : per præsens scriptum notum fieri volumus, universis fidelibus nostris tam præsentibus quam futuris, quod SYFRIDINA Comitissa CASERTE & RICCARDUS filius ejus Comes CASERTE fidelis nostri celsitudini nostræ quondam sententiam latam in Curiâ nostrâ per HENRICUM de MORRA magnæ Curiæ nostræ Magistrum justitiarium & Judices fideles nostros præsentaverunt, supplicantes, ut ipsam sententiam dignaremus auctoritatis nostræ munimine confirmare, cujus sententiæ talis est tenor.

In nomine Domini Dei æterni & Salvatoris nostri JESU CHRISTI anno ab Incarnatione ejus millesimo ducentesimo trigesimo primo mense Augusti quartæ indictionis, imperante domino nostro FRIDERICO Dei gratiâ invictissimo Romanorum Imperatore semper augusto, Jerusalem & Siciliæ Rege, imperii ejus anno undecimo, regni Jerusalem sexto, regni vero Siciliæ trigesimo quarto feliciter. Amen.

Dum nos HENRICUS de MORRA magnæ imperialis Curiæ Magister Justitiarius apud MELFIAM Curiam regeremus, assistentibus nobis SIMONE de TOCCO, & ROFFRIDO de SANCTO GERMANO ejusdem Curiæ Judicibus, conquerente & denunciante imperiali Curiæ GAUDIANO servo quondam GUILLELMI de LIMATA de CASETA, quod ipse GUILLELMUS a domino BRICTONO & BENEDICTO fratre ejus, filiis domini THOMASII de PICZUTO, PHILIPPO de JULIANO, & NICOLAO fratre bastardo ejusdem PHILIPPI fuisset interfectus, spretâ et fractâ imperiali pace;

misimus magistrum PHILIPPUM DE CAPUA magnæ Curiæ advocatum ad partes illas , quod de maleficio ipso & malefactoribus diligentem & plenariam inquisitionem faceret, & factam ad Curiam destinaret, ac citaret nihilominus quos per inquisitionem inveniret obnoxios, sub peremptorio termine, ut venirent super inquisitione ipsâ allegaturos & defensuros se, ac justam sententiam audituros; quod supradictum mandatum Curia CASERTANA attendens, inquisitionem ipsam fecit plenarie fieri , & citari in domibus eorum supradictos dominum BRICTONUM & alios, quia eos præsentes habere non poterat, peremptorium terminem indicendo; quâ inquisitione per eundem in Curiam destinatâ, & veniente peremptorio termine per eundem Magistratum PHILIPPUM supradictis indicto, comparuit JACOBA uxor quondam præfati GUILLELMI instanter insistens, ut ad inquisitionem prædictam videndum & tam manifestum crimen sub tanti prin-

cipis pace commissum secundum justi-
tiam puniendum procedere deberemus
in peremptorio termine, praedictorum
absentiam incusando. Nos autem qui
supra Magister justitiarius & Judices
inquisitionem ipsam vidimus, & provi-
dimus diligenter, ac, per probata, Curiae
manifeste apparuit, supradictos dominum BRICTONUM & alios praefatum
GUILLELMUM, Dei & imperiali metu
postposito, nequiter occidisse, & crude-
liter jugulasse, quo maleficio per ipsam
inquisitionem sic manifeste probato,
nos procedentes, auctoritate iuquisitio-
nis ipsius exigente, ordinario jure ad
ferendam sententiam sicut jura exigunt,
ordinatio inquisito facta fuit a jure
ordinario consilio tradito in maleficiis
puniendis, & sicuti jura Longobardorum
& consuetudines regni, quae in judiciis
consimilibus servabantur; cum consti-
tutiones imperiales, licet compositae,
adhuc insinuatae non essent; nec secundum eas adhuc imperialis jussio pate-
retur judicari. Pleno consilio habito cum

Baronibus quampluribus & militibus, cum Magistro BENEDICTO de ISERNIA, judice SADUCTO de BENEVENTO, & aliis pluribus supradictos dominum BRICTONUM & alios, licet absentes, ad amissionem personarum & ad omnium rerum suarum tam mobilium quam immobilium sententialiter jussimus condemnandos; prædictum maleficium, per inquisitionem plenarie patefactum, pœnâ ordinariâ legis & consuetudinis punientes. Ad cujus rei memoriam præsens scriptum confieri fecimus per manus GUILLELMI de TOCCO magnæ imperialis Curiæ in justitiariatu Notarii, nostris suscriptionibus roborantes. Actum MELFIÆ anno, mense, & indictione prætitulatis. HENRICUS de MORRA magnæ imperialis Curiæ Magister, Justitiarius. Ego qui supra SIMON magnæ imperialis Curiæ Judex. Ego ROFFRIDUS de SANCTO GERMANO magnæ imperialis Curiæ Judex. Nos igitur ipsius Comitissæ & RICCARDI filii sui Comitis CASERTE fidelium nostrorum justis supplicationibus inclinati prædictam sententiam, secundum quod in præsenti scripto transcripta est, de speciali gratiâ & certâ scientiâ nostrâ duximus confirmandam. Ad hujus autem confirmationis memoriam & stabilem firmitatem præsens scriptum fieri, & sigillo Májestatis Nostræ jussimus communiri. Datum MELFIÆ anno Dominicæ Incarnationis millesimo ducentesimo trigesimo secundo mense septembri, septimæ indictionis, imperante domino nostro FRIDERICO Dei gratiâ invictissimo Romanorum Imperatore semper augusto, Jerusalem & Siciliæ Rege, anno imperii ejus duodecimo, regni Jerusalem septimo, regni verò Siciliæ trigesimo quinto feliciter. Amen. Quod privilegium ego JOANNES publicus Avellini Notarius unâ cum supradicto Judice JOANNE & testibus vidi & legi; & de verbo ád verbum manu propriâ exemplavi, & in publicum scriptum redegi, & meo signo signavi.

(adest signum)

TABLE DES CHAPITRES

ET

DES MATIERES,

CONTENUS DANS CE VOLUME.

Fin de la table.

PRIVILÉGE DU ROI.

LOUIS, PAR LA GRACE DE DIEU ROI DE FRANCE ET DE NAVARRE, à nos amés et féaux Conseillers les gens tenant nos cours de parlement, Maîtres des requétes ordinaires de notre hôtel, grand-conseil, Prevôt de Paris, Baillifs, Senéchaux, leurs Lieutenans civils et autres nos Justiciers qu'il appartiendra : salut. Notre amé le S. de HILLERIN, ecuyer, commis du département de la guerre, avocat en parlement, nous a fait exposer qu'il desirerait faire imprimer et donner au public une traduction des *Oeuvres complètes de MM.* PAGANO, *professeur en droit criminel de l'université de Naples,* et BARBACORI, *conseiller aulique de Trente;* contenant *Considérations sur la procédure criminelle, &c.* s'il nous plaisait lui accorder nos lettres de privilége pour ce nécessaires. A ces causes, voulant favorablement traiter l'exposant, nous lui avons permis, et permettons par ces présentes, de faire imprimer lesdits ouvrages autant de fois que bon lui semblera, et de les vendre, faire vendre et débiter par tout notre royaume. Voulons qu'il jouisse de l'effet du présent privilége, pour lui et ses hoirs à perpétuité, pourvu qu'il ne le rétrocéde à personne : et si cependant il jugeait à propos d'en faire une cession, l'acte qui la contiendra sera enregistré en la chambre syndicale de Paris, à peine de nullité, tant du privilége que de la cession; et alors, par le fait seul de la cession enregistrée, la durée du présent privilége sera réduite à celle de la vie de l'exposant, ou à celle de dix années, à compter de ce jour, si l'exposant décède avant l'expiration desdites dix années; le tout conformément aux articles IV & V de l'arrêt du conseil du 3o août 1777, portant réglement sur la durée des priviléges en librairie. Faisons défenses à tous imprimeurs, libraires, et autres personnes de quelque qualité et condition qu'elles soient, d'en introduire d'impression étrangère dans aucun lieu de notre obéissance; comme aussi d'imprimer ou faire imprimer, vendre, faire vendre, débiter ni contrefaire lesdits ouvrages, sous quelque prétexte que ce puisse être, sans la permission expresse et par écrit dudit exposant, ou de celui qui le représentera, à peine de saisie et de confiscation des exemplaires contrefaits, de six mille livres d'amende, qui ne pourra être modérée, pour la première fois, de pareille amende et de déchéance d'état en cas de récidive, et de tous dépens, dommages et intérêts, conformément à l'arrêt du conseil du 3o août 1777 concernant les contrefaçons : à la charge que ces présentes seront enregistrées tout au long sur le registre de la communauté des imprimeurs et libraires de Paris, dans trois mois de la date d'icelles; que l'impression desdits ouvrages sera faite dans notre royaume, et non ailleurs, en beau papier et beaux caractères, conformément aux réglemens de la librairie, à peine de déchéance du présent privilége ; qu'avant de l'exposer en vente, le manuscrit qui aura servi de copie à l'impression desdits ouvrages, sera remis dans le même état où l'approbation y aura été donnée, ès mains de notre très-cher et féal chevalier garde des sceaux de France le S. BARENTIN; qu'il en sera ensuite remis deux exemplaires dans notre biblio-thèque publique, un dans celle de notre château du louvre, un dans celle de notre très-cher et féal chevalier chancelier de France le S. de MAUPEOU, et un dans celle dudit S. BARENTIN; le tout à peine de nullité des présentes, du contenu desquelles vous mandons et enjoignons de faire jouir le dit exposant et ses hoirs pleinement et paisiblement, sans souffrir qu'il leur soit fait aucun trouble ou empêchement. Voulons que la copie des présentes, qui sera imprimée tout au long, au commencement ou à la fin dudit ouvrage, soit tenue pour dûment signifiée, et qu'aux copies collationnées par l'un de nos amés et féaux conseillers-sécrétaires, foi soit ajoutée comme à l'original. Commandons au premier notre huissier ou sergent sur ce requis, de faire pour l'exécution d'icelles, tous actes requis et nécessaires, sans demander autre permission, et non-obstant clameur de haro, charte normande, et lettres à ce contraires. Car tel est notre plaisir. Donné à Paris le vingt-cinquième jour du mois de février l'an de grace mil sept cent quatre-vingt neuf et de notre règne le quinzième.

Par le ROI en son conseil.

Signé LE BEGUE.

Registré sur le Registre XXIV de la chambre royale et syndicale des libraires et imprimeurs de Paris N°. 1949. fol°. 131. conformément aux dispositions énoncées dans le présent privilége, et à la charge de remettre à ladite chambre les neuf exemplaires prescrits par l'arrêt du conseil du 16 Avril 1785. A Paris le vingt-sept Février 1789. Signé KNAPEN Syndic.